DIE ONTSPANNE GASVROU

'N VOLLEDIGE GIDS
VIR ALLE GELEENTHEDE

DIE ONTSPANNE GASVROU

Maya Ingwersen

JONATHAN BALL UITGEWERS • JOHANNESBURG

Uitgegee in 1994 deur
Jonathan Ball Uitgewers (Edms) Beperk
Posbus 2105
Parklands 2121

ISBN Afrikaans 1 86842 019 1
ISBN Engels 1 86842 018 3 (Engelse titel *The Relaxed Hostess*)

Ontwerp deur Michael Barnett, Johannesburg
Geset en gereproduseer deur RT Sparhams (Edms) Beperk
Gebind en gedruk deur Nasionale Boekdrukkery, Goodwood, Kaap
Indeks deur Naomi Musiker

Aan my vader,
Karl Friedrich,
en in liefdevolle herinnering
aan my moeder, Helga –
hulle was, weens
hul voorliefde vir
stylvolle onthaal, my heel
voortreflikste leermeesters.

Aan my man, Johan,
sonder wie se onvermoeide
aanmoediging en bystand
ek nie die moed sou gehad
het om hierdie projek
aan te pak nie.

Aan my seun, Carl,
omdat hy my lojaalste
bewonderaar is.

Bedankings

Dit sou onmoontlik gewees het om hierdie boek te produseer sonder die hulp en opregte belangstelling van 'n aantal persone wat ek graag wil bedank vir hulle spesiale bydraes.

Erkentlike dank aan Jonathan Ball, die uitgewer, dat hy die projek aangeneem het en daarin geglo het.

Spesiale dank aan Francine Blum, die produksiebestuurder, vir haar leiding, voortreflike oordeel, bystand, harde werk en sin vir humor.

Opregte dank aan Michael Barnett, die talentvolle ontwerper vir sy geduld en die kundigheid waarmee hy lewe in die projek geblaas het vir my.

Dankie aan Lindsay Morton, die redigeerder, vir die wonderlike manier waarop sy my deurmekaar idees kan interpreteer en omskep in vloeiende taal; aan Dineke Volschenk vir die knap vertaling in Afrikaans sonder om my persoonlike praatstyl prys te gee; en aan Madeline Lass vir die vaardigheid waarmee sy die proewe gekontroleer en weer gekontroleer het. Ook aan Naomi Musiker vir haar bedrewe indeksering.

Dankie aan Shelley Heald vir die geduld waarmee sy deur die talle bladsye van die oorspronklike manuskrip, geskryf in my onleesbare handskrif, gewaad het om alles op disket oor te sit.

Laastens, dankie aan die baie vriende en lede van my familie wie se entoesiasme my geïnspireer en laat volhard het.

Ons spesiale dank aan Willem Steenkamp en Hannes Spies van die Departement van Buitelandse Sake vir toestemming om uittreksels te gebruik van *Entertaining Officially: Diplomatic Training Module 10* deur Maya Ingwersen.

FOTOGRAFIESE ERKENNINGS

Die skrywer en uitgewer bedank graag die volgende persoon en instansies bedank vir die fotografiese inhoud van hierdie boek:

Dudley Lawrence vir die omslagfoto's en die foto's op bladsye 2, 17 en 19.

Ons opregte dank aan die redakteurs van die tydskrifte *Fair Lady* en *Woman's Value* vir die meerderheid foto's in die boek. *Fair Lady* vir bladsye: 8, 10, 12, 15, 22, 34, 38, 41, 43, 47, 49, 54, 56, 64, 66, 76, 84, 90, 92, 94, 97, 105, 117, 118, 122, 126, 130, 132, 134, 136, 140, 142, 145, 147, 148, 156, 157, 159, 162, en *Woman's Value* vir bladsye: 1, 20, 36, 44, 78, 82, 100, 114, 152.

Die tydskrif *Food and Home* vir die foto op bladsy 110.

Dankie aan Exclusive Hire cc vir die leen van die foto op bladsy 128 en aan Vitria Glass (Pty) Limited vir die leen van die glase soos getoon op die foto op bladsy 17 en op die agterstofomslag.

Inhoud

Inleiding

Enigiemand kan die formeelste onthaal suksesvol laat verloop as jy die regte kennis en bystand tot jou beskikking het, selfs al is die kookkuns nie jou sterk punt nie. Hierdie boek is 'n hulpmiddel om jou selfvertroue mee op te bou. Dit bevat verskeie idees en wenke wat in die praktyk getoets is en wat jy by jou individuele onthaalstyl kan inkorporeer. Onthaal kan 'n informele geselligheid saam met vriende wees of 'n geleentheid om kollegas beter te leer ken – om insig in omstandighede en mense te kry wat nie tydens formele besigheidsituasies moontlik is nie. Die sukses van 'n onthaal word veel eerder gemeet aan of betekenisvolle verhoudinge op 'n aangename wyse gevestig of uitgebrei is, eerder as aan die kookvaardighede van die gasvrou.

Onthaal moet lyk of dit sonder inspanning geskied, maar dit vereis kundige beplanning en uitvoering om paniek en verwarring op die laaste nippertjie uit te skakel, en om jou in staat te stel om die meeste van

jou "okkasie" te maak.

Twee dinge is belangrik om suksesvol te kan onthaal. Eerstens, kies 'n styl van onthaal – formeel of informeel – waarmee jy gemaklik is en wat jy voel jou gaste sal pas. En tweedens moet jy goed georganiseerd wees. Begin lank voor die tyd beplan: skryf alles wat jy moet doen in die fynste besonderhede neer; koop of leen wat jy nodig het vir die geleentheid; gaan jou lysies gereeld na en beplan wat jy voor die tyd kan doen (soos om die huis of die silwerware skoon te maak, of om die tafel 'n dag voor die tyd te dek indien moontlik) sodat jy op die aangewese dag alles gedoen kan kry wat jy nie voor die tyd kon doen nie en nog steeds genoeg energie het vir die onthaal self.

As 'n mens slim is, sal jy alles só beplan en voorberei dat jy op die dag van die onthaal genoeg tyd het om jou badkamerdeur te kan toemaak, heerlik te bad of te stort en nog 'n stil halfuur het om te ontspan ook voordat jou gaste opdaag.

Deel Een

Organisasie

ABSOLUTE
AQUA
ABSOLUTE
AQUA

HOOFSTUK 1

Begin by die Basiese

Met 'n groot huis word die moontlikhede vir onthaal natuurlik meer. Maar dit beteken geensins dat 'n kleiner huis nie geskik is nie, net dat jy nie noodwendig groot groepe mense op een slag sal onthaal nie. Kleiner samekomste laat gaste meer spesiaal voel. Nogtans moet die gebrek aan spasie jou nie inhibeer nie – dit beteken nié dat jy jou tot ses of agt mense moet beperk nie.

Informele geleenthede

Per geleentheid moet jy dalk meer mense onthaal as wat by jou tafel kan aansit. As jou sitkamer meer mense kan akkommodeer as jou eetkamer, oorweeg dit om 'n buffetete aan te bied waar die gaste op hulle skote eet op elegant gedekte skinkborde, kompleet met skinkbordlappies, servette en tafelgerei.

Om die waarheid te sê, 'n mens kan soveel areas in die huis gebruik as wat geskik sal wees vir die geleentheid. Tydens 'n informele onthaal kan 'n mens verskillende geregte in verskillende vertrekke van jou huis bedien. Byvoorbeeld, in die somer kan die voorgereg buite of op die veranda saam met die drankies voorgesit word. Die hoofgereg kan op 'n buffettafel in die eetkamer voorgesit word en die gaste kan in die sitkamer of op die patio eet, en nagereg en koffie kan in 'n mooi hoekie in die kombuis bedien word. As die ingangsportaal groot genoeg is, kan 'n mens 'n tafel daar sit om gaste by te laat aansit of om as 'n buffet- of kroegtafel vir drankies voor die ete te dien.

As jy gelukkig is en 'n tweede sitkamer ('n familiekamer of 'n TV-kamer) het, kan dit goed gebruik word. Afhangende van die ligging van die vertrekke, kan jy beplan om die kos in die familiekamer op te skep en die gaste dan in die sit- en eetkamers laat eet.

Skaalplanne

Dit mag nodig wees om meubels te herrangskik vir groot funksies om almal te kan akkommodeer. Jy mag dalk selfs die sitkamermeubels uit die vertrek haal om plek te maak vir een of twee agtsitplektafels sodat gaste nie op hulle skote hoef te eet nie.

Dit is baie nuttig om 'n skaalplan van die area of areas wat jy wil gebruik, te teken wanneer jy beplan hoe jy die beskikbare spasie wil aanwend. Sny papiervorms uit vir die beweegbare meubels en ekstra tafels (ook volgens skaal) en werk uit hoe alles ingepas word.

Aansitetes

Veronderstel jou tafel kan agt mense akkommodeer, maar jy wil meer mense laat aansit. As jou tafel reghoekig is, en dit is nie 'n verlengbare tafel nie, kan 'n ekstra reghoekige tafel teen een kant geplaas word. Bedek albei tafels met tafeldoeke en enige verskil in hoogte en wydte sal skaars merkbaar wees.

As dit 'n ronde of 'n ovaalvormige tafel is, kan 'n groter tafelblad bo-op geplaas

Gebruik draaihake om 'n los blad op jou tafel vas te anker

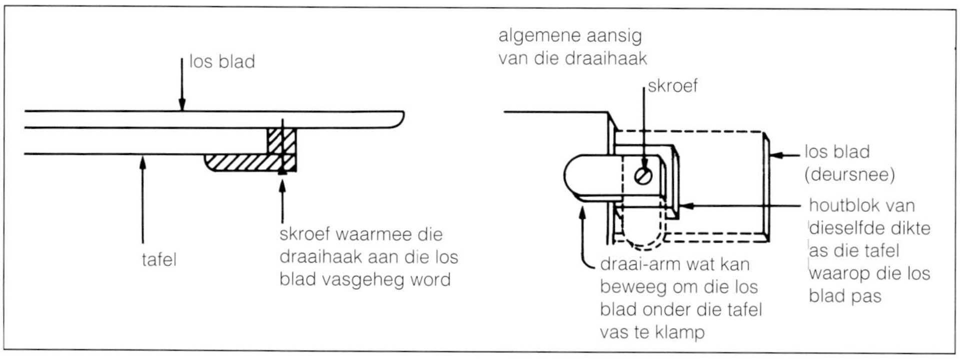

word. Om die los blad te stabiliseer, bedek die onderste blad met 'n kombers en anker die los blad daaraan met vier houtdraaihake (sien illustrasie) wat deur 'n skrynwerker gemaak kan word. Dit sal die los blad in plek hou en voorkom dat die blad omkantel sou 'n gas dalk swaar leun daarop!

Buitenshuise moontlikhede

'n Veranda of 'n stoep, 'n patio of 'n binnehof en selfs 'n klein balkon kan gebruik word vir onthale. Afhangende van die grootte, die tyd van die jaar en of dit onderdak is of nie, kan dit gebruik word as 'n verlenging van jou eet- of

SPASIE PER PERSOON

STAANDE *(skemeronthaal)*

1,5 m³ per persoon

AANSIT

Ø = deursnee

Laat 9 m² (3 x 3 m) vir elke 1,8 m Ø tafel plus gaste

By ronde tafels
'n 90 cm Ø tafel: 4 sitplekke
'n 1,4 m Ø tafel: 6 sitplekke
'n 1,5 m Ø tafel: 8 sitplekke
'n 1,8 m Ø tafel: 10 sitplekke

By opslaantafels
Laat 45 cm tafelspasie toe per persoon

STOELE
Ligte stoele wat maklik geskuif kan word, is die geskikste. Plastiekstoele sonder armleunings is ekonomies ten opsigte van spasieverbruik, maar ook hulle neem 45 cm vanaf die rand van die tafel tot by die rugleuning van die stoel op – laat ook 'n verdere 30 cm agter toe vir mense om verby te kan beweeg.

sitkamer. In baie huise kan 'n patio gemaklik in 'n kroegarea omskep word waar drankies bedien kan word.

Wees egter versigtig wanneer jy beplan om 'n aansitaandete op 'n patio te bedien omdat temperature saans vinnig kan daal, selfs in die somer en veral na donderbuie. Hou permanent 'n termometer aan een van die mure – as die temperatuur in die somer teen 18:00 onder 18° C daal, oorweeg dit om liewers jou tafel binne te dek. Indien dit egter nie moontlik is nie, waarsku die gaste sodat hulle warm genoeg kan aantrek.

Soms kan die weer onverwags draai en vinnig versleg. As dit gebeur, selfs al is julle op die punt om te begin eet, steek jou irritasie weg en verskuif soveel as moontlik van die gaste na binne, selfs al is dit 'n bietjie oorvol. Gaste wat koud kry, geniet hulself nie en gaan vroeg huis toe.

DIE MOTORHUIS

As die motorhuis in 'n redelike goeie toestand is en daar is nie te veel olievlekke op die vloer nie, kan dit ook as onthaalarea dien – byvoorbeeld vir 'n Nuwejaarspartytjie. Versierings teen die mure en dak help om onvolmaakthede weg te steek.

Moenie die potensiaal van die motorhuis as werksarea oor die hoof sien nie. As dit toegemaak word en toegerus word met opslaantafels en 'n bad water, kan dit uitstekend dien as 'n area waar spyseniers voedsel vir groter onthale kan voorberei. Die groot voordeel is dat dit nie die vloei van die verkeer in die kombuis beïnvloed nie.

TAFELGEREI

TAFELLINNE
Tafeldoeke

Voorheen is slegs die beste damastafeldoeke as goed genoeg beskou vir formele onthale. Dit is steeds waar vir staatsonthale, maar vandag is feitlik enige vorm van tafelbedekking aanvaarbaar, solank die geheeleffek stylvol en gekoördineerd is. Wit damaslinne is steeds 'n goeie belegging en sal jou 'n leeftyd hou as dit goed versorg word. Dit kan male sonder tal gewas, gebleik en gestywe word sonder dat die materiaal beskadig word. Dit is egter moeilik om te stryk.

Daar is 'n groot verskeidenheid linne-, katoen- en sintetiese tafeldoeke wat maklik is om te versorg, beskikbaar. 'n Mens kan selfs jou eie van lakens of gordynmateriaal maak.

'n Tafeldoek moet ten minste 25-30 cm oor die rand van die tafel hang. 'n Viltdoek onder die tafeldoek sal dit beter laat hang en geraas verminder.

Plekmatjies

Jy mag verkies om plekmatjies te gebruik, veral as jy 'n pragtige tafel met 'n gepoleerde oppervlak het. (Maar as jy nou en dan meer mense by die tafel moet inpas, is dit waarskynlik beter om 'n tafeldoek te gebruik.) Wanneer jy plekmatjies koop, maak seker dat hulle groot genoeg is vir 'n volle plekdekking, en dat die vorm geskik is vir jou tafelgrootte en vorm – dit sal byvoorbeeld onprakties wees om groot, reghoekige matjies vir 'n klein ronde of reghoekige tafeltjie te koop.

Matjies van kurk, raffia, strooi of touringe kan baie aantreklik lyk vir informele geleenthede, en 'n mens hoef hulle net te skud of af te vee om skoon te kry. Vermy plastiekmatjies – dit kan baie vrolik lyk, maar beteken meer werk vir jou. Hulle moet gewoonlik elke keer behoorlik skoongevee en drooggemaak word, anders sit hulle aan mekaar vas wanneer hulle gebêre word.

Servette

Behalwe om gaste en die stoele skoon te hou, dra servette baie by om die tafel aantreklik en uitnodigend te laat lyk, en hulle kan op baie verskillende maniere gevou word. Vir formele etes word servette gewoonlik reghoekig of tregtervormig gevou en op die kleinbordjie geplaas. Vermy papierservette behalwe wanneer vingerkosse voorgesit word, en gebruik dan liewer die dubbellaag partytjieservette (maak seker dat genoeg uitgesit word).

Die meeste goeie kwaliteit tafeldoeke kom met bypassende servette. Indien nie, koop of maak ander van dieselfde kwaliteit materiaal om te pas. Sintetiese stowwe stryk maklik, maar is nie naastenby so absorberend soos suiwer katoen of linne nie, wat ook lekker voel en gebleik (indien dit wit is) en gestywe kan word. 'n Servet moet ten minste 40 x 40 cm groot wees.

GLASWARE

Drinkglase

Fynproewers verkies in die algemeen helder, kleurlose glase – 'n erkenning dat die waarde van wyn nie slegs in die smaak daarvan geleë is nie, maar ook in hoe dit vir die oog lyk. Die mode mag dalk gekleurde glas dikteer, maar dit doen beslis afbreuk aan die voorkoms van veral rooiwyn. Wynglase wat soos waterglase lyk of die soort met ornamentele gesnyde patrone moet liefs vermy word. Sommige puriste sê énige gekleurde of gesnyde glas belemmer die waardering van wyn!

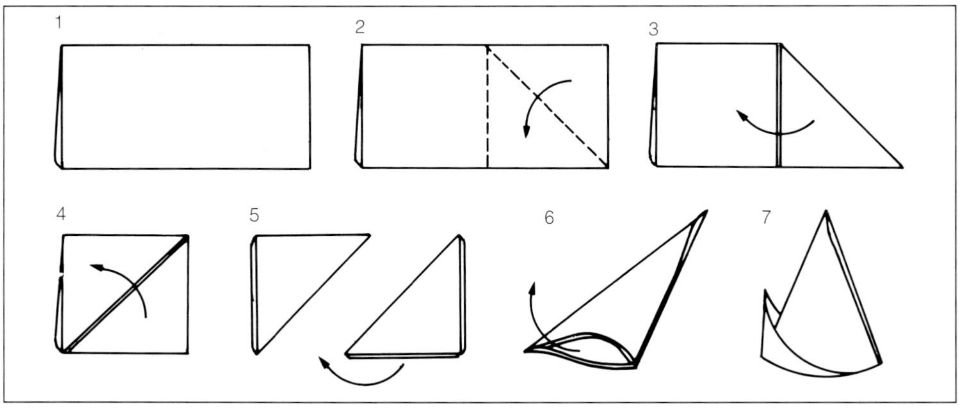

Hoe om 'n servet in 'n tregter te vou.

Klassieke tulpvormige kristalglase met lang stele vertoon wyn die beste. Hoë kwaliteit loodkristal is herkenbaar aan die gewig, die sny van die rand wat plat lyk, nie rond nie, die glans en die helder klokgeluid wat dit maak as 'n mens daarteen tik.

Indien jy gereeld meer as 12 gaste onthaal, is dit raadsaam om meer as 'n dosyn van elke soort glas te besit. Koop 'n standaardpatroon om vervangings en aanvullings makliker te maak. Dit is beter om in 'n groot versameling medium- of hoë-prys, goeie kwaliteit glase te belê en om genoeg te hê vir alle geleenthede, as

'n Volledige stel glase (van links na regs): yssopieglas, waterglas, brandewynbokaal, rooiwynglas, sjerrie/portglas, martiniglas, schnappsglas, bierglas, likeurglas, witwynglas, whiskyglas, bierglas, waterglas, sjampanjeglas

om mettertyd opgeskeep te sit met verskeie onvolledige stelle glase wat onverstandig op uitverkopings gekoop is.

Maak seker jy kies glase met voldoende kapasiteit. 'n Wynglas (wit of rooi) moet 160-180 ml kan hou – kleiner glase kan lastig word vir die gasheer wat die glase aanhoudend moet hervul, en 'n verleentheid vir die gas wat mag voel dat hy van gulsigheid verdink mag word omdat sy glas gedurig hervul moet word.

Glasbakke

Dis baie handig om 'n verskeidenheid bakke van verskillende groottes en kwaliteit te besit. Die kleineres dien vir nagereg, peuselhappies, souse, doopsouse en as vingerbakkies – selfs as vase. Groteres kan gebruik word vir alle soorte slaaie, poedings en nageregte.

Glasborde

Dit is onmisbaar vir die opdien van alle kossoorte – koue vleise, kase, slaaie, southappies, mousse, beskuitjies, koeke, tertjies – die lys is eindeloos. Die Franse handelsmerk Arcoroc bied 'n uitgebreide reeks goedkoop, aantreklike en versterkte glasborde en -bakke aan.

BREEKWARE

Eetservies en teestel

Breekware is belangrike items en moet versigtig gekies word – nie alleen om in te pas by die styl van jou huis nie, maar ook vir duursaamheid. 'n Klassieke ontwerp in wit is natuurlik geskik vir alle style en geleenthede.

As 'n mens dit kan bekostig, kan jy 'n eetservies vir elke dag se gebruik en informele onthale, en 'n meer elegante een vir formele onthale hê. Erdewerk of pottebakkery is geskik vir informele of buitenshuise onthale. Fyn porselein of beenporselein lyk beter vir 'n formele dinee. Met die uitsondering van gerei vir die nagereg of kaasgeregte behoort al die porselein by 'n formele dinee bymekaar te pas. Vir minder formele geleenthede hoef die breekware nie bymekaar te pas nie, maar dit lyk tog beter as al die borde wat vir dieselfde gereg op die tafel verskyn, bymekaar pas. (Amerikaners gebruik soms verskillende stelle borde en glase vir elke gereg.) Maar pottebakkery en porselein behoort nogtans nie gemeng te word op die tafel nie.

Koop die beste kwaliteit wat jy kan bekostig en vra 'n handelaar met 'n goeie reputasie om jou te adviseer. Moenie val vir spesiale aanbiedinge nie, veral van erdeware of pottebakkery – die kwaliteit mag moontlik substandaard wees. In die ergste geval sal jy die eienaar van 'n stel hoogs poreuse breekgoed wees. Duurder eetserviese is gewoonlik van 'n beter kwaliteit en sal nie maklik kraak of splinter nie.

Soek na 'n standaardontwerp of -patroon – verkieslik een wat vir langer as 25 jaar vervaardig sal word – en, indien moontlik, koop 16 tot 18 stukke van elke item (soos sop-, vis-, groot borde en kleinbordjies). Dit maak voorsiening vir breekskade as jou gaste normaalweg 12 is.

Kies 'n ontwerp wat maklik hanteer. Sommige koppies is moeilik om vas te hou of val maklik om; sommige melkbekers en teepotte skink nie behoorlik nie – toets dit dus in die winkel, en maak terselfdertyd seker dat die deksels van die tee- en koffiepotte nie afval wanneer 'n mens skink nie. Onthou ook dat 'n swaar stel meer spasie in die warmlaai en kaste sal opneem en dat minder daarvan op een slag in 'n skottelgoedwasser sal pas.

Wat patrone betref, wees versigtig wanneer jy 'n blom- of 'n gekleurde geometriese patroon aanskaf. Dit mag beperkend wees met betrekking tot die servette, tafeldoeke, – matjies en blommerangskikkings. Wit porselein met blou patrone vertoon kos die beste omdat daar geen bekende blou kossoort bestaan nie. Die ou Hollanders en Chinese het klaarblyklik heelwat oor die aanbieding van voedsel geweet toe hulle hul kosbare borde verglans het!

Wanneer jy 'n effekleurige wit eetservies uitsoek, maak seker dat dit werklik wit is. Wit breekware op wit linne lyk goed, maar afwit op wit kan maklik vuil lyk.

Opskepbakke

Die belangrikste funksie van 'n opskepbak is om die kos warm te hou. Dit beteken die deksel moet stewig pas en die basis moet breed wees om maksimale kontak met die warmskinkbord te verseker.

Die meeste eetserviese het bypassende opskepbakke, maar as dié in jou servies nie aan bogenoemde vereistes voldoen nie, oorweeg dit om 'n stel van vier tot ses bakke van verskillende groottes op te bou in 'n ander ontwerp. Corningware French White is 'n goeie voorbeeld van bakke van goeie kwaliteit wat ook goed lyk saam met elegante sowel as informele stelle.

Daar is ander praktiese aspekte wat 'n mens in gedagte moet hou wanneer 'n eetservies uitgesoek word. Sal dit groot genoeg wees? Is dit oond- en yskasbestand, met ander woorde kan dit direk uit die yskas na die oond gaan sonder om te bars? Pas jou vingers maklik in die handvatsels? Is die handvatsels te breed om in jou oond of yskas te pas? Sal dit in jou mikrogolfoond pas? Gaan die ontwerp van die stel skoonmaak moeilik maak? Vermy stelle met uitstaande rande aan die binnekant waar voedsel kan vassit.

Wanneer jy 'n souskommetjie uitsoek, maak seker dit kan ten minste 250 ml hou, of koop 'n hele paar.

Toestelbestande breekware

Tensy jy tot twee-uur in die oggend met die hand wil staan en skottelgoed was, maak seker jou eetservies is skottelgoedwasserbestand. Dit beteken dit moet hoë temperature kan weerstaan en dat dit nie handgeverfde patrone of patrone met goue rande moet hê nie. Maak ook seker dat die stel in die mikrogolfoond gebruik kan word.

Die berging van breekware

Laat genoeg spasie toe vir die berging van jou breekware, veral vir erdeware en pottebakkery. Moet nooit borde te hoog opmekaar stapel wanneer hulle weggepak word nie. Maak ook seker die rakke is sterk genoeg om die gewig te dra.

Silwerware

Goeie silwerware is 'n baie goeie belegging indien 'n mens dit kan bekostig. Dit komplementeer alle voedsel, ongeag hoe eenvoudig dit voorgesit word. Behalwe vir 'n kis messegoed, is dit die moeite werd om ook 'n versameling silwer sopkomme, souskommetjies, opskepbakke, borde en skinkborde op te bou.

Twee riglyne is belangrik wanneer silwer aangekoop word: eerstens, moenie haastig wees nie – koop slegs stukke met 'n styl en ontwerp waarvan jy hou; en tweedens, koop kwaliteit wat sal hou. Die lagie op oorgeblaasde silwerware is dikwels baie dun – veral wanneer die stuk baie lig voel. Driedubbele oorgeblaasde silwer, gemerk as '90' of 'A1', is die soort om te koop as dit lank moet hou.

Eetgerei

Eetgerei raak weg of beskadig, dus, wanneer jy jou stel uitsoek, maak seker dat enkel stukke vervang sal kan word of dat jy die stel maklik sal kan aanvul. Dit is ook altyd nuttig om 'n ekstra stel dessertlepels of -vurke en bottermesse te hê, sodat mens se eetgerei jou nie beperk tot sop as 'n eerste gereg nie (dink byvoorbeeld aan prosciutto en spanspek, gebakte sampioene of net slaai as voorgereg) – die ander bottermesse mag later nodig wees vir brood of vir die kaasbord.

'n Standaard kis tafelsilwer het agt stukke vir elke plek, plus teelepels en 'n paar opskeplepels (maar nooit soveel as wat mens nodig het vir een maaltyd nie). Sommige stelle bevat ook vrugtemesse en -vurke (wat kleiner is as bottermesse en dessertvurke), en partykeer ook koekvurke, pomelolepels, mokkakoeklepels en spesiale roomyslepels met 'n plat blad. Let op na twee aspekte wanneer eetgerei aangekoop word: die kwaliteit van die afwerking en hoe die verskillende stukke hanteer.

'n Standaard formele gedekte plek met eetgery (van links na regs): bottermes, visvurk, vleisvurk, dessertlepel en vurk, vleismes, vismes en soplepel. Glase: (van links na regs) waterglas, witwynglas, rooiwynglas en sjerrieglas. Breekware: (onder servet) kleinbordjie (middel), groot bord op 'n dekoratiewe onderbord.

Eetgerei moet goed afgewerk wees, ongeag of dit van silwer, oorgeblaasde silwer of vlekvrye staal gemaak is. Mens kan die afwerking – of die gebrek daaraan – aan die tande van die vurk sien. Sleg afgewerkte vurke het soms growwe riffies tussen die tande, en die punte van die tande is dikwels te kort en stomp en nie lank en konies nie.

Eetgerei behoort maklik te hanteer. Moenie deur die oënskynlike elegansie en hoë prys mislei word nie! 'n Meshandvatsel mag dalk so slank en gepunt wees dat dit pynlik teen die palm druk; die blaaie van die soplepels kan te groot wees; die tande van die vurk kan dalk te lank wees om gemaklik mee te kan eet, of te stomp, en dan is dit moeilik om kos daarmee te steek.

Soms kan 'n mens eetgerei met porseleinhandvatsels vind met dieselfde patroon as jou eetservies. Maar dit beteken dat mens die stel slegs saam met daardie eetservies kan gebruik, en sulke eetgerei is nie werklik geskik vir formele gebruik nie. Stelle met been- of houthandvatsels is onprakties, aangesien dit spesiale sorg vereis en hulle hou ook nie so lank nie.

Die skoonmaak van silwerware

Was silwer artikels in warm, seperige water en droog hulle dadelik af, so gou as moontlik na gebruik. Gebruik kommersiële skoonmaakmiddels of 'n spesiale silwer skoonmaakdoek om silwer te poleer. Sien die "raat" hierby om aangeslane silwer skoon te maak.

Berging van silwerware

Wanneer silwerware nie gebruik word nie, behoort dit in 'n kis met 'n voering wat aanslaan voorkom, gepak te word. Die doel is om te voorkom dat die eetgerei in aanraking kom met die atmosfeer. Dus, as jy nie 'n kis het nie, bêre jou eetgerei – en ander silwer items wat nie daagliks gebruik word nie – in plastieksakke of draai dit toe in flanelet.

'N PRAKTIESE KOMBUIS

As 'n mens baie tyd in jou kombuis spandeer, is dit die moeite werd om jou in te rig om optimale effektiwiteit en gerief te verseker.

Vloerbedekking

Keramiekteëls is nie ideaal nie – maklik om skoon te hou, ja, maar ook koud, baie hard onder die voete en glad as dit nat is. Daar is ook geen tweede kans wanneer jy

RAAT VIR AANGESLANE SILWER

N.B. NIE GESKIK vir geslyte stukke waar brons of koper onder die oorgeblaasde silwer sigbaar is nie – dit kan verkleur!

Tap die wasbak vol warm, seperige water.

Meng in 'n aluminiumkastrol*:
5 liter koue water
5 eetlepels sout
5 eetlepels natrium-bikarbonaat/koeksoda

Laat die mengsel op die stoof kook en gooi dan die silwerware in. Haal die stukke met 'n tang uit wanneer skuim opstyg, en sit hulle dadelik in warm seepwater. Spoel en droog soos gewoonlik.

*Die raat werk slegs as 'n aluminiumkastrol gebruik word.

iets laat val nie! Kies liewers 'n sagte viniel-vloerbedekking. Dis net so maklik om skoon te hou en ook warmer en sagter onder die voete.

Muurproppe Dis gewens om ten minste 16 dubbelmuurproppe in jou kombuis te hê.

Beligting Dis baie vermoeiend om in 'n swakbeligte kombuis te werk. Maak dus seker dat jou beligting voldoende is.

Die posisie van die stoof Plaas die stoof (of losstaande stoofplaat), die voedselbereidingsarea en 'n waterbron (byvoorbeeld 'n voorbereidingsbak) óf in lyn óf teen 'n hoek teenoor mekaar. Jy behoort nie oor die vloer te moet stap om van die voorbereidingsarea na die kookarea te gaan nie. Sodoende mag die meeste van jou gesnyde sampioene of gekapte uie dalk op die vloer beland!

Die vullisblik Die vullisblik moet verkieslik in 'n laai onder jou voorbereidingsarea wees (met nog 'n blik by die skottelgoedwasarea) sodat jy nie tyd vermors deur na obskure uithoeke van jou kombuis te stap om vuilgoed weg te gooi nie.

Werkplek en pakplek Hê soveel as moontlik! Wat pakplek betref, kan 'n mens nie te veel kaste en rakke hê nie. Onder die werkarea is groot laaie baie handig om items soos Tupperware (alles met hulle deksels halfpad vasgedruk), ook potte en panne, bakke, borde en opskepborde in te bêre – dan hoef 'n mens nie elke keer as jy iets nodig het op jou knieë te gaan staan nie.

Jou werkareas moet van materiaal wees wat maklik is om skoon te maak, nie krap nie en verkieslik lig van kleur is wat makliker is op die oog.

TOEBEHORE

Oond en stoof Indien jy dit geniet om te onthaal en jou begroting en beskikbare spasie laat dit toe, is dit die moeite werd om 'n dubbel-ooghoogteoond te installeer – selfs twee – met 'n afsonderlike stoofplaat. (Stoofplate is beskikbaar met glas- of emaljeplate.) Maak seker die binnekant van 'n ingevoerde ooghoogteoond is groot genoeg vir jou – hulle is geneig om klein te wees. 'n Losstaande stoof is natuurlik steeds 'n staatmaker – hulle neem minder spasie op en daar is verskeie goeie make op die mark. 'n Gasstoof is 'n nuttige alternatief en dit bied die voordeel dat dit nie deur kragonderbrekings geraak sal word nie.

Mikrogolfoond — Nie alleen is 'n mikrogolfoond gerieflik om bevrore voedsel mee te ontvries, of gaar kos mee op te warm nie, dis ook 'n kooktoestel in eie reg. Dit neem dikwels slegs 'n fraksie van die tyd wat dit neem met konvensionele metodes om in 'n mikrogolfoond te kook. 'n Mens kan 'n ete op baie kort kennisgewing voorberei as jy jou mikrogolfoond saam met jou vrieskas en gewone stoof gebruik.

Elektriese braaipan — 'n Baie handige toestel om allerhande kosse in groot hoeveelhede in te kook; ook vir roerbraaie, paellas en om eiers vir die gesin in te bak.

Yskas — Koop die grootste een wat jy kan bekostig! Indien moontlik, koop een wat nie 'n yskors vorm nie, aangesien ontvriesing tydrowend is. Dit is die moeite werd om 'n ekstra yskas vir vrugte, groente en dranke te hê in 'n warm klimaat.

Vrieskas — 'n Groot vrieskas (ook verkieslik een wat nie yskorse vorm nie) is 'n geweldige bate. Dit beteken jy kan gebruik maak van spesiale aanbiedinge van grootmaat vleisaankope en jy kan vrugte en groente in seisoen aankoop om vir 'n verskeidenheid te sorg wanneer interessante kos skaars of baie duur is.

Voedselverwerker — Dis hoog op die lys van tydbesparende apparate! Disse en souse wat gewoonlik baie tyd en energie nodig het om te maak, kan blitsvinnig voorberei word, en dit neem slegs 'n paar sekondes om neute of uie te kap, om kaas te rasper en om patees en doopsouse te maak.

Versapper en elektriese klitser — Al het jy niks anders nie, kry hierdie twee klein toestelle – hoewel 'n voedselverwerker van onskatbare waarde is, veral vir groot hoeveelhede, kan dit nie hierdie paar volkome vervang nie. Versappers is wonderlik om melkskommels, purees en soppe mee te maak, en niks klits eierwitte so goed soos 'n elektriese klitser nie.

Elektriese koffiemaker — Dis beslis voordelig om 'n elektriese koffiemaker te hê, veral een met 'n 10-koppie kapasiteit. As jy meer koffie moet maak as wat jou beker kan hou, of as die termostatiesbeheerde basisplaat nie die koffie regtig warm hou nie, kan die koffie op die stoofplaat gehou word – maar hou dit onder kookpunt.

Elektriese warmskinkbord — Feitlik alle disse kan tot 'n uur lank op stadige hitte warm gehou word. Dit is gerieflik veral as jy 'n senuweeagtige kok is, want dit beteken jy kan die meeste van jou disse vroeër die dag gaarmaak. Ongeveer 'n uur voordat julle beplan om te eet, warm jy die disse in die mikrogolfoond op in breë-basis bakke met deksels (soos Corningware of Pyrex). Voeg 'n bietjie water of botter by die geregte en plaas dit op die warmskinkbord op hoog gestel. (Maar maak gereeld seker dat hulle nie kook nie!)

Opdienwaentjie of -kabinet — Dis iets soos 'n pasteiverwarmer op wiele, behalwe dat dit ook vier oondvaste bakke met deksels bo-in het vir groete, souse, ensovoorts. Dis besonder gerieflik vir die gasvrou wat alle voorbereiding sonder hulp moet doen.

Konfore — Hierdie dekoratiewe outydse opdienbakke, dikwels van silwer, is steeds baie handig. Hulle hou kos op die tafel warm deur middel van 'n ingeboude spiritusbrander onderaan.

Opdienbakke met kersbranders is ook beskikbaar, maar is slegs geskik vir kleiner hoeveelhede kos – sê, vir vier mense. Die energielewering van 'n kers is nie voldoende om die kos warm genoeg te hou nie. 'n Nadeel is ook dat die hitte gewoonlik op een kol konsentreer.

Skottelgoedwasser — 'n Skottelgoedwasmasjien is 'n seën vir besige gasvroue. As jy besluit om een te koop, probeer een kry wat 'n kapasiteit van 12 pleksettings op 'n slag het.

HOOFSTUK 2

Beplan die Geleentheid

Miskien onthaal jy net af en toe, of dalk is jou omstandighede van so 'n aard – jy mag byvoorbeeld baie besigheidsverpligtinge hê – dat jy gereeld moet onthaal. Wat ook al die geval, beplanning is die sleutel tot suksesvolle onthaal. As jy dit geniet om te onthaal, sal jy nie omgee om die moeite te doen wat dit vereis om 'n onthaal aangenaam te laat verloop nie. 'n Algemeen geldende reël is: hoe meer formeel die geleentheid, hoe meer tyd moet jy spandeer om te beplan en voor te berei.

WANNEER, WAT EN HOE?

Begin deur jouself te vra:

- ⋆ Wanneer sal dit plaasvind?
- ⋆ Hoeveel kan ek spandeer?
- ⋆ Watter soort funksie sal dit wees?

Wanneer jy die basiese vrae oor datum, styl en begroting beantwoord het, kan jy begin om in besonderhede te beplan.

Die keuse van die styl

Uit die aard van die saak sal jou begroting die skaal van jou onthale bepaal, maar dit hoef glad nie die styl te beïnvloed nie! Die eenvoudigste verversings, liefdevol voorberei en verbeeldingryk en keurig voorgesit, sal vir jou gaste wys dat hulle vir jou belangrik is. Een wenk, egter: gaan ekonomies en spaarsamig te werk, ja, maar moet nooit probeer om "goedkoop" te onthaal nie; moet byvoorbeeld nie net nou en dan 'n groot skemerkelkonthaal hou in antwoord op 'n hele paar intieme etes waarheen julle genooi was nie.

Die styl van jou onthaal sal natuurlik ook afhang van wat jy met gemak kan hanteer. Faktore soos die grootte van jou huis, die seisoen, die spesifieke gaste wat jy in gedagte het en natuurlik die doel van die geleentheid, sal ook die styl bepaal.

Wees seker waarom jy spesifieke persone wil onthaal – dit sal jou help met jou keuse van die styl en plek om die doel van jou onthaal te verwesenlik. Soms sal jou huis nie die ideale plek wees nie; 'n werkete in 'n restaurant mag dalk beter wees, of 'n piekniek iewers in die buitelug. Vra jouself af watter styl sal die gaste die beste pas; wat sal hulle die meeste op hul gemak stel.

Onthou dat die datum van jou onthaal ook deur die seisoen beïnvloed sal word. Suid-Afrikaanse somers bied baie geleenthede vir onthale, maar die winter en die seisoene tussenin het ook hulle voordele, afhangende van jou doelstellings en omstandighede. Wanneer jy lank vooruit beplan, hou die seisoenale faktore in gedagte – soos die soort weer wat jy kan verwag en die beskikbaarheid van sekere soorte voedsel.

'n Belangrike oorweging is of kinders na die partytjie genooi moet word. Onthou die geleentheid kan maklik gedomineer word deur kinders, tensy jy praktiese reëlings tref om die kinders te vermaak – ook jou eie kinders. As jy dus nie kinders saam met die ouers nooi nie, voorkom komplikasies en verleentheid deur dit duidelik te stel wanneer jy jou gaste nooi.

DIE PLEK

Verskillende soort funksies vereis verskillende soort omgewings, maar dit is altyd beter om tuis te onthaal, maak nie saak hoe informeel jy dit doen nie. By die huis is jy in beheer van die meeste van die faktore wat die gemak en gerief van jou gaste bepaal, om nie eens van jou eie te praat nie. Natuurlik is dit soms meer prakties om werketes en -ontbyte in 'n restaurant te hou, of om 'n aangename aandjie by die teater daar af te sluit.

By die huis

Kyk krities na jou huis, kamer vir kamer, binne en buite. Maak die meeste van die ruimte tot jou beskikking deur sekere areas tydelik te herorganiseer indien nodig (kyk weer na die voorstelle in hoofstuk 1). Met 'n bietjie verbeelding en vindingrykheid mag jy aangenaam verras wees deur die omvang van die funksies wat jy kan akkommodeer.

In die buitelug

Buitelugfunksies kan enige tyd van die dag of aand geniet word as die klimaat dit toelaat. Dit is 'n goeie idee, veral wanneer kinders ook genooi is.

As jy 'n tuin het, oorweeg buitelugonthale soos 'n braai of 'n skaap op die spit. Maak egter voorsiening vir die moontlikheid van reën. Dit beteken jy moet seker maak dat jy jou gaste kan verskuif na ander areas in jou huis – die stoep, sitkamer en eetkamer, byvoorbeeld.

Vir 'n geleentheid waar jy 'n markeetent nodig sal hê, maak die kontak van 'n verhuringsagentskap een van jou eerste prioriteite – sulke items is gewoonlik lank vooruit reeds bespreek. Indien moontlik, reël dat dit 'n hele paar dae voor die partytjie afgelewer word om enige probleme op die nippertjie te voorkom. 'n Markeetent moet verkieslik op 'n area wat gelyk is, opgeslaan word.

Weg van die huis

Voor jy besluit waarheen om te gaan, oorweeg drie belangrike faktore: hoe groot is jou party? Is dit 'n formele of informele geleentheid? Hoeveel wil jy spandeer?

By 'n restaurant of hotel

As jy 'n groot groep van sê maar 14 gaste onthaal, is 'n restaurant of 'n hotel wat 'n *smörgasbord* of 'n buffetete aanbied, geskik vir wanneer mens informeel wil sirkuleer. Hotels en sommige klubs reserveer dikwels een aand van die week vir hierdie tipe ete. Ontbyte en buffetetes is gewoonlik ook goedkoper as 'n *à la carte* ete.

As jy nie 'n geliefkoosde restaurant het wat aan jou vereistes sal kan voldoen nie, vra vriende en kollegas uit en maak 'n kortlys van plekke met goeie reputasies. Begin deur na elkeen van die plekke te gaan kyk op besige tye. Oorsiglys 1 op hierdie bladsy sal riglyne verskaf wanneer jy die restaurante inspekteer.

Oorsiglys 1: Restaurantfasiliteite

Kyk na die spyskaart om 'n idee te kry van die pryse.

Is hulle gelisensieer? Indien wel, kyk na die wynlys. Is dit 'n aanvaarbare keuse van wyn? Indien nie gelisensieer nie, neem julle eie wyn saam.

Lyk die borde kos wat by jou verbygedra word aptytwekkend?

Lyk die eters daar tevrede? Kan jy identifiseer met die kliënte?

Is daar genoeg spasie tussen die tafels sodat mens nie gestamp sal word elke keer as 'n kelner verbygaan nie?

Is die stoele gemaklik? Vra dat jy kan sit om dit te toets.

Is die borde, messe en vurke en glase vir jou aanvaarbaar?

Wat is die kamertemperatuur? Maak seker dis warm genoeg in die winter en aangenaam koel in die somer.

Is die ventilasie goed? Maak ook seker dat julle by 'n tafel kan sit wat nie in 'n trek van 'n venster of die lugversorging staan nie.

Is die geraasvlak te hoog? As daar musiek is, is dit op 'n aangename vlak?

Hoe is die atmosfeer? Is dit styf of ontspanne, raserig of stemmig?

Is daar 'n area waar hoede en jasse gehang kan word? Inspekteer die kleedkamers/toilette. Maak seker dis skoon en dat seep, handdoeke en genoeg papier voorsien is.

Wat van die dekor? Is daar blomme by die ingang en op die tafels?

Word daar saans kerse aangesteek en indien wel, is die beligting genoegsaam? Word die kerse so op die tafels geplaas dat dit nie in die pad is van die eters se ooglyne nie?

Wanneer jou eerste indrukke gunstig is, vra om met die restaurateur te praat. Vertel hom of haar kortliks wat dit is wat jy vereis en reël om terug te gaan vir 'n ete om die kos te toets en die reëlings in detail te bespreek wanneer dit vir albei van julle geleë sal wees.

Gaan lank genoeg voor die tyd na die restaurant op die aand van die onthaal om jou gaste te kan ontvang. Maak voor daardie tyd seker dat hulle weet waar die plek is en waar om te parkeer. As jy gedrukte uitnodigings uitstuur, maak seker jy gee die korrekte naam, adres, telefoonnommer en indien nodig, 'n kaart na die restaurant.

'n Private vertrek

Soms dikteer konfidensialiteit dat julle 'n private vertrek in 'n restaurant of 'n hotel moet gebruik. Dieselfde riglyne vir die keuse van 'n restaurant sal hier geld, behalwe dat die keuse van die vertrek bepaal sal word deur die aantal persone wat genooi word. (Sien Oorsiglys 2 vir spesifieke detail wat met die restauranteur bespreek moet word.)

Oorsiglys 2: Bespreking van 'n private vertrek

Aspekte waaroor saam met die restaurateur besluit moet word:

Rangskikking van die tafels. Besluit of jy verskeie ronde tafels, of lang of vierkantiges wil hê, en of lang tafels in 'n perdeskoenvorm gerangskik moet word.

Die program wat die tyd van aankoms, die toesprake en die tyd wat tussen geregte toegelaat moet word, spesifiseer.

Keuse van die spyskaart. Dit behels gewoonlik drie of vier geregte.

Of die spyskaart gedruk moet word, indien nodig.

Keuse van wyn (kom ooreen oor die pryse).

Keuse van dekor, blomme en kerse.

Agtergrondmusiek.

Die betaal van die rekening. Let op na ekstras soos fooitjies vir die kelners en deurmanne.

Piekrieks

Moet nooit 'n piekniek aanpak sonder deeglike beplanning nie! Oorsiglys 3 stel die voorbereidings wat voor die tyd gedoen moet word, voor.

Oorsiglys 3: Piekniekbeplanning

Besluit *waar* jy die piekniek wil hou en gaan inspekteer die plek.

Is dit *veilig?*

Is dit naby aan 'n *waterbron,* en is daar *toiletfasiliteite* naby?

Sekere tye van die jaar kan *insekte* lastig wees. Vind uit of dit jou planne sal beïnvloed. Vat in elk geval 'n insekafweermiddel saam.

Kry *toestemming,* indien nodig, van die bestuur as dit in 'n park of dieretuin is.

Maak seker dat julle *privaat* sal wees.

VOORAFREËLINGS

Voorsiening vir spesiale diëte

Van jou gaste mag dalk op spesiale diëte wees weens geloofsredes of 'n mediese toestand. As jy weet dat een van jou gaste siek was of geloofsverplig is tot sekere beperkings ten opsigte van kos, is dit bedagsaam om te vra of hy of sy op 'n spesiale dieet is en daarvoor voorsiening te maak.

Mediese ongesteldhede

Algemene ongesteldhede wat spesiale voedsel vereis, is suikersiekte, hoë bloeddruk, hoë kolesterol, 'n onlangse hartaanval of kanker. Kos wat beperk moet word, is gewoonlik dié met 'n hoë vet-, suiker- of soutinhoud.

Vegetariese voedsel

Daar is twee soorte vegetariërs: laktovegetariërs wat sekere dierprodukte eet soos melk, kaas en botter; en groentevegetariërs wat geen dierprodukte eet nie en op neute en peulgroente staatmaak vir hulle proteïeninname. As jy nie self 'n vegetariër is nie, probeer om vir dié in jou groep kennisse te voorsien deur eenvoudige maar smaakvolle resepte te kies wat jou nie te veel moeite sal besorg nie.

Koshervoedsel

Joodse voedselvoorskrifte word deur die Tora bepaal en skryf nie alleen voor wat geëet mag word nie, maar ook die manier waarop dit geslag en voorberei moet word. Om veilig te wees, vra jou Joodse gaste in watter mate hulle die voorskrifte navolg. Die algemeenste praktyk is om nie skulpvis of varkvleis te

Koshervoedsel

Geen skulpvis. Slegs vis met vinne en skubbe mag geëet word.

Geen roofvoëls.

Geen vark en niks wat op hul mae kruip nie. Slegs diere met gesplete hoewe en wat herkou.

Slegs vleis wat op die tradisionele manier doodgemaak is en waarvan alle bloed gedreineer is, mag geëet word. Vleis en vis word Kosher gemaak deur dit in sout en water skoon te maak om alle onreinheid te verwyder.

Geen voedsel van dier- en melkoorsprong mag gekombineer word tydens die kook- of opdienproses nie.

Melkprodukte mag na vleis voorgesit word slegs nadat 'n sekere aantal ure verloop het.

eet nie; dus, vermy dit ter wille van jou gaste. As jy verplig is om ware Koshervoedsel voor te sit, is daar baie Koshervoedselwinkels wat jou van goeie advies sal kan voorsien.

Halaalvoedsel

Moslemvoedselvoorskrifte is baie dieselfde as die Koshervoedsel s'n. Alkohol is ook streng verbode. Onthou om die jaarlikse vastye (Ramadan) na te gaan en nie Moslemgaste tydens Ramadan te nooi nie, tensy julle bereid is om eers baie laat die aand te eet.

Die uitnodigings

Uitnodigings na formele geleenthede word dikwels per telefoon gedoen, maar vir formele geleenthede, veral groot funksies, word die uitnodigings skriftelik gedoen. In beide gevalle, nooi jou gaste lank vooruit en verskaf die besonderhede van die soort onthaal, die datum en tyd, die drag, jou telefoonnommer en adres – en besonderhede van die plek as dit nie by jou huis is nie. Hou in gedagte dat dit langer as normaal neem om uitnodigings uit te stuur as dit spesiaal gedruk en gepos moet word; ongeveer vyf weke behoort toegelaat te word.

Sekere sleutelpersone mag baie belangrik wees vir 'n formele onthaal en hulle behoort eers gebel te word. Wanneer hulle per telefoon te kenne gee dat hulle die uitnodiging sal aanvaar, stuur die kaartjies so gou as moontlik uit met alle besonderhede. Kaarte moet ingesluit word wanneer gaste nie bekend is met die plek nie en, indien nodig, reël 'n ontmoetingspunt.

Dis 'n goeie idee om jou gaste te skakel voor 'n belangrike geleentheid of aandete wat lank vooruit gereël is, selfs al het hulle geantwoord, net om heeltemal seker te wees alles sal volgens plan verloop.

Johan en Maya Ingwersen nooi

____

vriendelik uit na die viering van ons 20e huweliksherdenking

Plek: Die Danssaal, Hotel Alba, Pansegroustraat, Randburg
Datum: 10 Oktober 1994 — *RSVP: Maya Ingwersen*
Tyd: 19:30 — *voor 20 September 1994*
Drag: Formeel — *Telefoon: 888-999*

'n Formele uitnodiging is gewoonlik 'n gedukte kaart

Uitnodigings na informele geleenthede is gewoonlik handgeskrewe

Sluit asseblief by ons aan vir 'n braaivleis
op Sondag 10 Julie 1994, om Maya se vader,
Karl Albrecht, uit Duitsland, te ontmoet.

Johan en Maya Ingwersen

Eerstestraat 44
Brooklyn
Pretoria

Tyd: 12:00 — RSVP voor 3 Julie 1994
Drag: Informeel — Telefoon: 888-999
Faks: 888-997

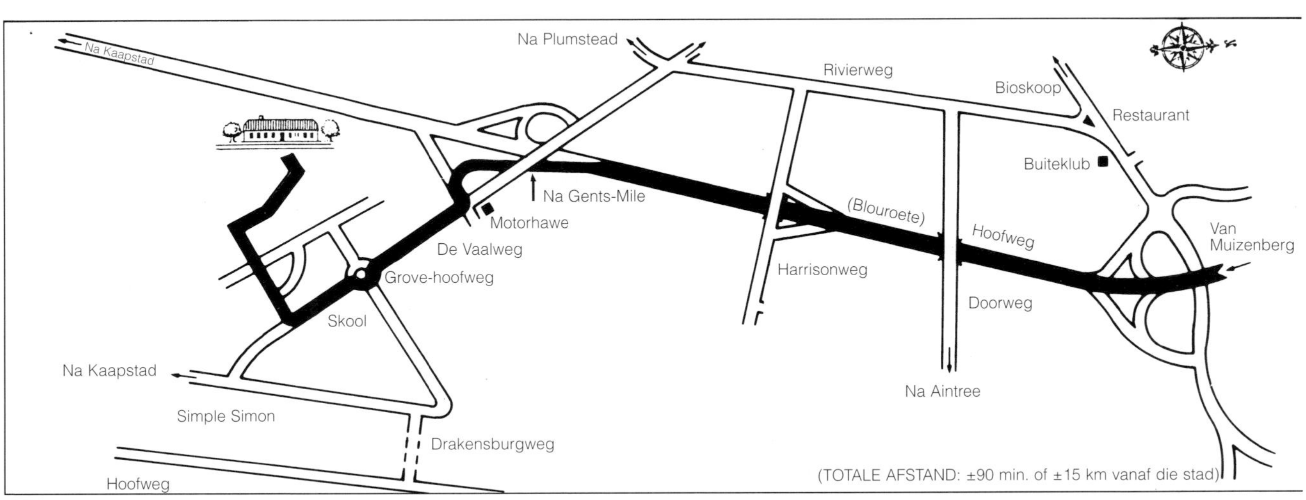

SITPLEKREELINGS

Pleknaamkaartjies

Pleknaamkaartjies is nuttig by enige aansitete vir meer as ses mense. 'n Kaartjie by elke plek help nie alleen die gaste om hul plekke te vind nie, maar identifiseer ook hulle bure aan tafel. Skryf elke naam op albei kante van die kaartjie sodat die gaste aan die oorkant van die tafel ook weet met wie hulle praat. (Maak seker die name is leesbaar – beligting by onthale is gewoonlik nie genoeg om by te lees nie en die meeste persone sal nie hulle leesbrille aan tafel dra nie.) Pleknaamkaartjies is altyd handgeskrewe.

Soms is dit nuttig, veral by besigheidsfunksies, om verdere identifikasie onder die name te skryf – byvoorbeeld: Mnr Johan du Toit, Besturende Direkteur, Pro Viva Versekeringsmaatskappy.

Tafelplanne

By 'n baie formele of groot dinee of noenmaal behoort 'n mens 'n kaart of

DIE PLASING VAN PLEKNAAMKAARTJIES VIR 'N GROOT PARTY

1. Skryf uit en vou al die kaartjies.
2. Maak seker al die tafels in die vertrek is duidelik genommer volgens jou plan.
3. Gaan sit met 'n groot skinkbord, die tafellyste en die gevoude pleknaamkaartjies.
4. Plaas velle papier neer wat elke tafel op die lys verteenwoordig.
5. Met jou lys as verwysing, sorteer al die kaartjies van elke tafel op die velle papier. Daar sal 'n hoop kaartjies vir elke tafel wees.
6. Tel elke hoop en maak seker dat die getal kaartjies ooreenkom met die aantal gaste per tafel op die lys.
7. Vergelyk die name op die kaartjies met dié op jou lys.
8. Plaas elke kaartjie by sy plek, net bokant die dessertlepel en -vurk.

DIE MAAK VAN PLEKNAAMKAARTJIES

Pleknaamkaartjies is altyd handgeskrewe. Gebruik gekoopte kaartjies as jy dit verkies, maar as jy gereeld onthaal, is dit meer ekonomies om 'n pak wit kaartjies te koop.

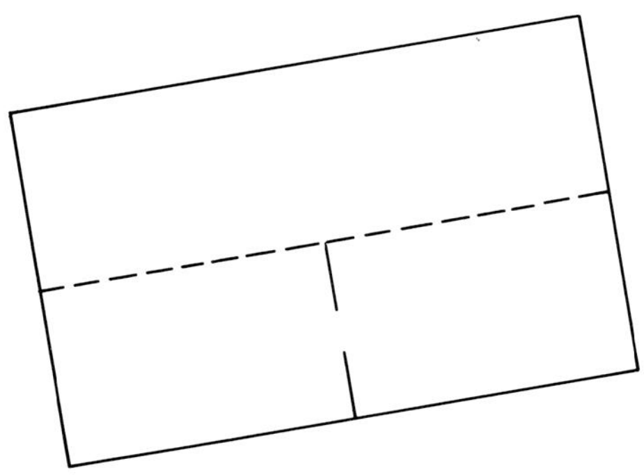

1. Sny 'n ligte groef deur die middel van die kaartjie met 'n lemmetjie – dit maak dit makliker om hulle te buig

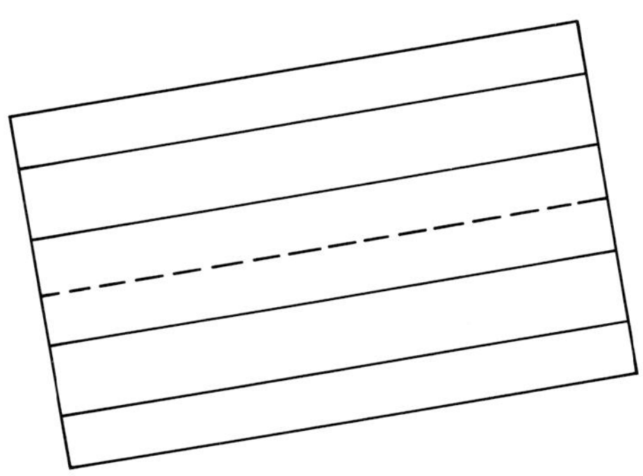

2. Trek ligte gidslyne in potlood 5 mm van elke lang kant af

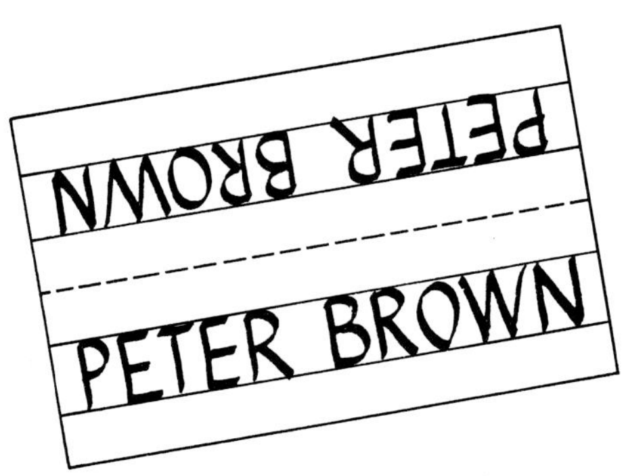

3. Skryf die naam duidelik aan beide kante van die kaartjie sodat dit in enige lig leesbaar sal wees

4. Wanneer die ink droog is, vee die potloodlyne uit en vou die kaartjies

DIE ROWWE TAFELPLAN

1. Neem 'n kurkaansteekbord of 'n dun stuk polistireen.

2. Sny uit papier stukke wat die ingang, kroegarea, dansarea, die hooftafel en al die ander tafels verteenwoordig, en posisioneer hulle op die bord.

3. Plaas jou hooftafel sodat die eregaste of seremoniemeester
* almal kan sien;
* nie langs die orkes of die kleedkamers is nie;
* nie in 'n trek staan nie; en
* nie in 'n deurlooparea staan nie.

4. Nommer die tafels en merk die ander items, bv. "buffet", "kroeg", ens.

5. Maak 'n fotokopie van jou gastelys en sny elke gas of paartjie se name in 'n strokie uit.

6. Plaas jou gaste deur elke strokie op die bord vas te sit – begin by die gasvrou en -heer, die eregaste en die seremoniemeester.

7. Kies 'n "gasheer"-paartjie vir elke ander tafel wat na elke tafel sal omsien en plaas dan die res van die gaste daarvolgens.

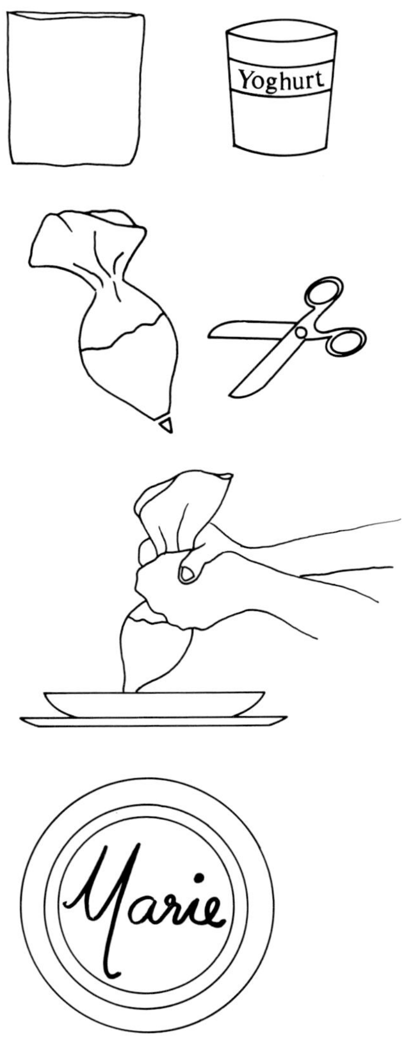

'N PRETTIGE MANIER OM JOU SITPLEKKE TE REËL

Jy benodig:
'n klein plastieksakkie
gewone jogurt
'n skerp skêr
'n bakkie opgeskepte sop – warm of koud

1. Skep die jogurt in die plastieksakkie en druk dit in 'n hoek

2. Vorm die sakkie soos 'n kegel en sny die punt versigtig af om 'n tuitjie te vorm

3. Hou die sakkie soos 'n versiersakkie en "skryf" die naam op die sop

tafelplan op te sit wat aandui waar die aangewese tafels (of sitplek aan die tafel) vir die gaste is in verhouding tot die ingang van die eetkamer. Soos met pleknaamkaartjies help so 'n plan die gaste om hul plekke te vind, dui aan wie die ander gaste is en wie hulle bure aan tafel gaan wees en, indien daar eregaste is, wie dit is. Selfs al is die geleentheid intiem en nie so formeel nie, besluit voor die tyd waar jy jou gaste gaan plaas en dui aan waar hulle moet sit wanneer julle gaan aansit vir ete.

'n Groot fotoraam (20 x 25 cm) is 'n elegante en gerieflike manier om jou tafelplan ten toon te stel vir kleiner byeenkomste (tussen 10 en 20 gaste). Dit kan dan by die ingangsportaal uitgestal word sodat die gaste daarna kan kyk wanneer hulle aankom, voordat hulle in die sitkamer ingaan om te groet. Anders kan dit ook op 'n gerieflike plek by die uitgang van die sitkamer na die eetkamer geplaas word.

Die maak van tafelplanne vir groot onthale is 'n groot werk, maar dit kan gelukkig die week voor die geleentheid gedoen word (so ook die uitskryf van die pleknaamkaartjies). Om dinge te vergemaklik, maak jou werksplan eers in rof. Dit kan later oorgedra word op 'n skoon kaart met 'n behoorlike uitleg. As jy 'n rekenaar het, kan dit natuurlik smaakvol op disket gedoen word.

Die finalisering van die sitplekplan vir groot onthale

Dit kan slegs die dag voor die tyd of op die laatste op die dag van die party gedoen word – hopelik sal almal reeds geantwoord het sodat jou rowwe plan volledig kan wees.

DIE FINALISERING VAN JOU SITPLEKPLAN VIR 'N GROOT PARTY

1. Kyk na jou rowwe plan op die kennisgewingbord, begin by Tafel 1 en skryf die name van al die gaste by elke tafel in alfabetiese volgorde neer.
2. Neem nou jou gastelys (wat ook alfabeties moet wees) en skryf die aangewese tafelnommer langs elke naam neer.
3. Laat die tafellyste en alfabetiese lyste weer tik en vergroot op 'n fotokopieerder, of skryf dit groot uit met die hand, ter wille van diegene wat nie hulle leesbrille by hulle gaan hê nie.
4. Heg beide planne en 'n netjies uitgesnyde "grondplan" van die onthaalarea op 'n skoon kennisgewingbord vas.
5. Plaas dit prominent onder 'n lig in een van die ontvangskamers of ingangsportaal.

Die aanbieding van jou tafelplan in 'n fotoraam

1. Verwyder die glas en plak 'n klein reghoek van karton wat die tafel verteenwoordig in die middel van 'n vel karton wat in die raam pas.

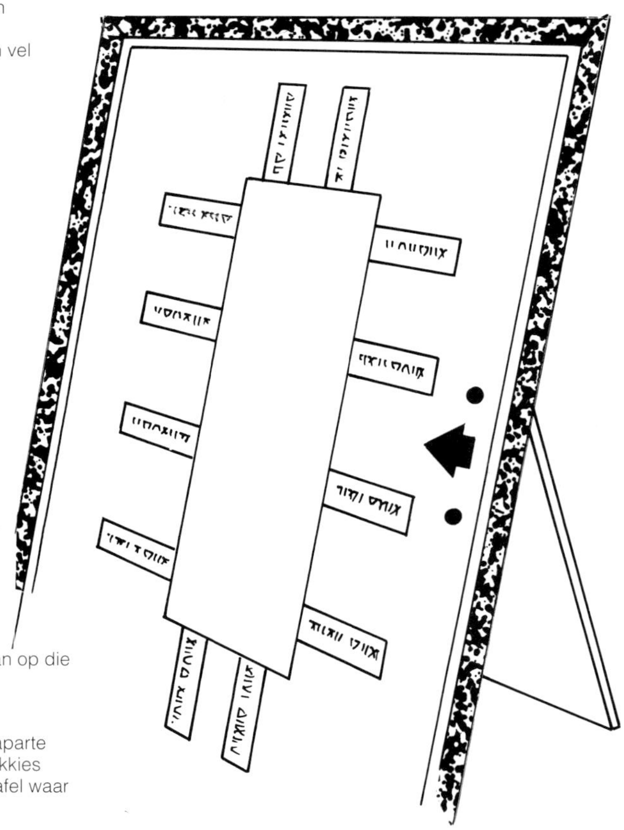

2. Dui die ingang van die vertrek aan op die agterste kaart.

3. Skryf die name van elke gas op aparte stukkies papier en gebruik klein stukkies Prestik om dit op die plek aan die tafel waar elke gas moet sit, te plak.

DIE HUUR VAN HULP

KINDEROPPASSTERS

Indien daar geen ouer kinders of familielede is om na die kleintjies om te sien nie, sal dit nodig wees om reëlings te tref vir 'n oppasster – en nie net wanneer julle weg van die huis af na 'n geleentheid gaan nie. Ons is geneig om te dink aan kinderoppassters slegs wanneer ons uitgaan, maar om 'n oppasster in jou huis te hê wanneer jy 'n groot onthaal hou, kan jou hande heeltemal losmaak om jou rol as gasvrou ten volle te kan vertolk.

Die beste manier om 'n geskikte kinderoppasster op te spoor, is deur aanbeveling. Moet dit nie tot die laaste oomblik los nie – om 'n goeie oppasster te bespreek is essensieel vir die sukses van jou planne en sy sal waarskynlik lank vooruit bespreek moet word.

Wanneer die reëling getref word, moet die oppasster eerstens die datum weet en hoe laat om op te daag. Laat genoeg tyd toe om haar in te lig oor spesiale bedtydroetines indien enige, en enige ander inligting wat sy moet hê. Dit is uiters belangrik om 'n telefoonnommer te laat waar julle in geval van nood gekontak kan word indien julle uitgaan.

Kinderoppassters vra gewoonlik betaling per uur met ekstra betaling vir elke uur na middernag. Kom ooreen oor die tarief wanneer die aanvanklike reëling getref word. Kom ook ooreen oor of 'n volle ete of slegs ligte versnaperinge voorsien sal word. Dit is in elk geval beleef om 'n skinkbord met iets om te eet en drink te laat.

TOERUSTING

Die huur van toerusting is duur, maar nodig vir 'n groot onthaal. Kostes kan verminder word deur items soos sambrele, warmskinkborde, ensovoorts, by vriende te leen. Dit is egter verkieslik om breekware en eetgerei te huur eerder as om 'n gemengde versameling te hê – sonder eenvormigheid sal alles uiteindelik hinderlik onsamehangend lyk.

Die keuse van 'n verhuringsmaatskappy

Vind die geskikte verhuringsmaatskappy deur iemand wie se onthaalstyl jy bewonder te nader en te vra wie hy of sy gebruik. Kontak die aanbevole maatskappy en vra hulle om vir jou 'n kwotasievorm te stuur.

Vra ook watter soort breekware en eetgerei die maatskappy gebruik: is dit byvoorbeeld dubbel-swaar spyseniersware of is dit ligter en eleganter? Om skokke op die dag van aflewering te vermy, is dit waarskynlik 'n goeie idee om na hulle pakhuis te gaan en te gaan kyk na die items wat jy wil bestel. Oorsiglys 4 stel items wat jy nodig mag hê, voor.

Aflewering

Reël vir aflewering vir die dag voor die onthaal. Heel belangrikste, laat genoeg tyd toe vir jouself (of jou helpers) om tafels en stoele te rangskik en om breekware en eetgerei uit te pak. Dit neem langer as wat 'n mens dink! Hier is dit nuttig om jou plan vir die herrangskikking van meubels of die plasing van tafels op 'n vel papier te hê wat jy aan die afleweringsmense kan gee. Dit sal

Oorsiglys 4: Toerusting wat gehuur kan word

Breekware	Sjerrie/Port	**Allerlei**
Groot bord	Witwyn	Botterbak
Visbord	Rooiwyn	Kaasmes
Sopbord	Waterglas	Wynmandjie
Consommé-koppie	Sjampanje	Waterbeker
Kleinbordjie	Yssopie	Waterfles
Slaaibord	Bier	Servetring
Dessertbakkie	Whisky	Dessertopskepbak
Teekoppie en piering	Brandewynbokaal	Kookwatertenk
Koffiekoppie en piering (demi-tasse)	**Tafels**	Bain-marie
Koffiepot	Rond 1,5 m	Blombak
Teepot	Rond 1,8 m	Lang kristalvaas
Melkbeker	Reghoekig 1,8 m	Kandelaar 5-lig
Suikerpot	Kaarttafel	Kandelaar 3-lig
Eetgerei	Stoel, arms	Kristalkandelaar
Vleismes	Stoel, armloos	Tandestokkiehouer
Vleisvurk	Opgestopte chroomraamstoel	Wynverkoeler
Vismes	**Linne**	Voetstuk vir bogenoemde
Visvurk	Buffetval	Silwer mandjie (brood)
Bottermes	Klemme	Spieël
Dessertvurk	Reghoekige doek	Kraffie
Dessertlepel	Reghoekige kisdoek	Silwer ystang
Soplepel	Rond 1,5 m doek	Basisplaat (silwer)
Teelepels	Rond 1,8 m doek	Kristalasbak
Koffielepel (Mocca)	Tafelkleed rond	Sousbakkie en -lepel
Koekspaan	Tafeldoek 90 cm²	Slaaibak
Koekvurk	Tafeldoek 135 cm²	Slaailepels
Opskeplepel	Servette	Soutpotjies
Opskepvurk	Stoeloortreksel	Pepermeul
Glase	Stoelstrik	
Likeur	Tafelstrik	

beteken dat hulle sal weet waar jy min of meer wil hê elke item geplaas moet word en jy sal nie weer alles na aflewering hoef te herrangskik, of daar hoef te wees om aanwysings te gee nie.

Kostes betrokke

Die meeste verhuringsmaatskappye werk op 'n kontant by afleweringbasis en maak dus seker dat jy die tjek gereed het wanneer hulle aflewer. Daar is dikwels addisionele kostes betrokke behalwe die kostes van die items wat jy huur. Dit is gewoonlik:

- 'n deposito van byvoorbeeld 10% van die bestelling;
- 'n afleweringstarief;
- BTW (belasting op toegevoegde waarde).

SPYSENIERS

Afhangende van die belangrikheid van die onthaal, kan dit die moeite werd wees om 'n spysenier te gebruik. Al is dit 'n duur manier van onthaal, voorkom dit dat jy jouself uitput voor 'n belangrike geleentheid. Die huur van 'n spysenier beteken natuurlik meer as die aanwins van nog 'n paar helpende hande – jy het die voordeel van 'n spysenier se spesifieke ervaring en vaardighede. Jy kan vra vir toepaslike spyskaartvoorstelle en met hom of haar konsulteer oor idees vir die onthaal – die spysenier sal uit ervaring weet of die idees sal werk of nie.

Weer eens is aanbeveling 'n goeie manier om 'n spysenier te vind. Indien jy 'n spysenier moet nader sonder 'n aanbeveling, gaan hulle getuigskrifte na. Eerder as om te vra vir foto's of voorbeelde van hulle werk, vra voornemende spyseniers oor onthale of funksies waarop hulle besonder trots is. Hulle behoort maar te bly te wees om jou sulke verwysings te gee om te kontak.

Inligting aan die spysenier

Dis belangrik om 'n vriendelike verhouding met jou spysenier te hê: wees entoesiasties en hartlik – entoesiasme is inspirerend en beleefdheid is essensieel in enige werksverhouding. Vra pryse vir kos en dienste voor die tyd aan om seker te maak dat jy binne jou begroting bly. Oorsiglys 5 kan as hulpmiddel dien vir wanneer jy jou spysenier opdragte gee.

Oorsiglys 5: INLIGTING AAN JOU SPYSENIER

Wat die spysenier moet weet:
Aantal gaste
Datum
Plek
Tyd
Styl van die geleentheid
Jou idees oor die spyseniering.

Wat jy moet weet:
Pryse van kos en diens
Oor die spysenier se assistente:
- Hoeveel sal nodig wees?
- Wat sal hulle aantrek?
- Hoeveel ure moet hulle werk?

Wat jy moet weet oor die fasiliteite:
- Watter spasie sal die spysenier nodig hê (kombuis, motorhuis, agtertuin, dienstent)?
- Sal die spysenier ekstra tafels nodig hê om op te werk?
- Hoeveel yskas-, oondspasie en werksarea sal die spysenier nodig hê?

Kontrak en goedkeuring van spyskaart

Wanneer jou voorkeure bespreek is, sal die spysenier 'n spyskaart voorberei vir goedkeuring en, in geval van 'n groot funksie, ook 'n kontrak. Dit behels gewoonlik die betaling van 'n deposito (byvoorbeeld die helfte van die totaal, die res betaalbaar na die onthaal). Vind uit of daar behalwe die kostes per kop

---

Oorsiglys 6: PRAKTIESE EN ESTETIESE ASPEKTE

Bespreek hierdie aspekte van die bediening van kos en drankies met jou spysenier

1. Hoe jy wil hê die kos moet op elke bord gerangskik word (maak 'n skets of gee 'n foto om te demonstreer hoe dit gedoen moet word).

2. Hoe en waar kos en drankies bedien sal word.

3. Tafelbedieningsmetodes – sodat die spysenier sy personeel kan inlig.

4. Gee 'n afskrif van jou tafelplan aan jou spysenier wat aandui waar die gaste of die eregaste sal sit. Die plan kan in die kombuis opgeplak word op die betrokke dag.

5. Toesprake en heildronke – skat hoe lank hulle sal wees en, indien moontlik, beplan vir voedsel wat nie sal bederf terwyl dit staan nie.

6. Bespreek tydsberekening, dit wil sê wanneer om sekere kossoorte te bedien by 'n skemerkelkonthaal, of wanneer die hoofgereg gereed moet wees by 'n formele ete. Bepaal ook hoeveel tyd toegelaat moet word tussen geregte wanneer daar nie toesprake gaan wees nie.

enige addisionele kostes is, byvoorbeeld reiskostes of afleweringstariewe, en of die prys die kostes van ekstra personeel wat die spysenier moet huur, insluit.

Finale besonderhede

Met 'n gedetailleerde spyskaart in die hand kan aandag gegee word aan die praktiese en estetiese aspekte van die verversings. Hierdie punte, wat weer eens met jou spysenier bespreek word, is wat 'n geleentheid laat werk. (Sien Oorsiglys 6 vir voorstelle.)

DIENSPERSONEEL: KELNERS, KROEGMANNE EN KOMBUISPERSONEEL

Of jy ekstra personeel nodig gaan hê, hang grootliks af van die tipe geleentheid, die aantal gaste, die spyskaart en die rol wat jy kies as gasvrou of -heer. Byvoorbeeld, dit is moontlik om 'n braaivleis vir twaalf gemaklik self te hanteer, maar vir 'n formele dinee vir dieselfde aantal gaste mag jy wel ekstra hulp nodig hê.

Natuurlik, hoe meer jy self kan doen, hoe minder gehuurde hulp sal nodig wees. Die nodigheid van hulp in die vorm van kelners en kombuispersoneel neem toe in proporsie met die grootte en die formeelheid van die geleentheid. As gasheer of -vrou kan jy meer bereik deur jou gaste te groet, hulle aan mekaar voor te stel en tussen hulle te sirkuleer eerder as om freneties rond te hardloop en drankies aan te dra.

Die hulp van jou vriende se kinders mag aantreklik klink, maar kan komplikasies veroorsaak. Al is dit duurder, is die huur van professionele hulp op die langtermyn 'n beter idee omdat hulle ervare is en weet wat nodig is – en as jy die moeite doen om 'n professionele verhouding met die mense te vestig, sal hulle kans kry om jou modus operandi te leer ken en meer effektief werk. (Gebruik Oorsiglys 7 wanneer dienspersoneel ingelig word.)

Oorsiglys 7: WAT DIENSPERSONEEL MOET WEET

Die *datum* van die geleentheid.

Die *adres en telefoonnommer* van die plek.

Hoe laat hulle moet opdaag (maak dit vroeg – dit neem tyd om te verduidelik wat gedoen moet word: byvoorbeeld die dek van die tafel, die inbring van die kos, ensovoorts).

Watter *uniform* om te dra.

Wat hulle sal doen (byvoorbeeld die kroeg opstel, die neem van bestellings vir drankies, bediening van verversings, die wegneem van glase, opdiening by die tafel en die opruim van borde, asbakke, opskepborde, ensovoorts.

Die *tarief per uur,* hoeveel ure verwag jy sal nodig wees en hoe hulle betaal sal word.

DIENSPERSONEEL

Soort funksie	Aantal gaste	Aantal bedieningspersoneel: Voedsel	Aantal bedieningspersoneel: Drank	Aantal kombuispersoneel wat afdra, was en afdroog	Totale aantal personeel
Vingerkos en skemerkelkonthaal	100	2 3	3 eerste uur 2 daarna	2	7
	50	2	2	1	5
	25	1 2	2 eerste uur 1 daarna	1	4
	15	1	1	1	3
Buffetete met minimum diens en aparte kroeg	100	2 4	4 eerste 1/2–1 uur 2 daarna	2	8
	50	2 2	3 eerste 1/2–1 uur 1 daarna	2	6
	25	2 1	2 eerste 1/2 uur, 1 daarna	2	5
	15	1	1	1	3
Aansitete (kos- en wynbediening)	100 50	14 10	4 3	2 2	20 15
	26	5	3	2	10
	16	3	2	1	6

Opdieningsmetodes

1. Opskepdiens

Gaste se borde word opgeskep in die kombuis of by 'n buffet voordat dit bedien word. Dis 'n gewilde manier om kos te bedien in restaurante en by groot dinees want dis doeltreffend, vinnig en daar is genoeg tyd om die middelgeregte dekoratief te kan opskep.

Indien wyn, slaaie, brood, ensovoorts op die tafel gesit word eerder as om individueel aangebied te word, word die proses van bediening van alle gaste vinniger uitgevoer.

2. Silwer- of kelnerdiens

Die kelner bied kos op 'n skinkbord aan elke gas aan en die gas skep self op. Een kelner kan agt gaste hanteer, maar natuurlik, hoe minder gaste per kelner, hoe beter die diens.

Wanneer gaste hulleself help aan kos wat op skinkborde aan hulle bedien word, is dit makliker vir regshandige mense as die skinkbord aan die linkerkant gehou word. Die nadeel van hierdie vorm van bediening is dat dit tydrowend is: gaste vind om self op te skep ongemaklik en dit neem tyd om te besluit watter kos hulle wil hê.

Hoewel tradisionele etiket stipuleer dat die kelner die gas vanaf die linkerkant moet bedien, is dit gewoonlik makliker as die kelner die gas van die regterkant af benader, opskeplepel in die regterhand, opskepbord in die linkerhand; dít is indien die kelner self regshandig is. Hierdie meer formele metode van bediening is geskik vir groot dinees en is vinniger as eersgenoemde metode. Elke kelner kan tien gaste hanteer, maar vir 'n samekoms van minder as agt mense sal so 'n opskepdiens 'n bietjie pretensieus wees en die gaste ongemaklik laat voel.

By formele dinees moet die personeel groente, souse en meegaande disse bedien asook drie of vier soorte wyne skink, en ook gebruikte glase, borde en asbakke wegneem. Aangesien daar baie is om te doen, is vier gaste per kelner 'n goeie verhouding. Moenie op personeel bespaar nie – dit is die ding wat 'n goeie dinee of skemerkelkonthaal kan maak of breek.

3. Banketdiens

Hierdie metode is geskik vir groot buffetstylfunksies waar personeel gekontroleerde porsies kos vanaf groot konfore op opslaantafels bedien, of van skinkborde by 'n vleissnyding, waar die groente uit 'n opskepoond ('n bain-marie) bedien word. Behalwe personeel wat kos bedien, is nog kelners nodig om om te sien na behoeftes vir drankies en om borde en asbakke weg te neem.

Oorsiglys 8:

INLIGTING AAN DIE VERMAAKKUNSTENAAR

Punte om te bespreek

Die aard van die geleentheid
Hoe laat hulle daar moet wees
Wat hulle moet aantrek
Watter soort verversings of ete hulle wil hê
Die duur van die optrede
Oortydbetaling

4. Familiediens

Indien die geleentheid nie kelnerdiens regverdig nie, maar dit is ook nie 'n buffetete nie, kan jy die familiediensmetode volg. Soos die term aandui, is dit hoe groter families etes sal bedien: die gasheer sny die vleis terwyl die gasvrou groente opskep uit bakke wat voor haar op die tafel staan. Die vol borde word dan langs die tafel af aangegee. Alternatiewelik, as jy 'n huishulp het, kan die kos op 'n buffet geplaas word waar jy dan vir jou gaste kan opskep en jou assistent neem dan 'n bord na elke gas toe.

Die aanwysing van dienspersoneel

Tydens die skemerkelkuur voor die ete, maak seker dat daar meer personeel in sirkulasie is om in die drankvereistes te kan voorsien. Een of twee persone kan later oorgeplaas word na diens by die voedsel.

Beperk voedsel wat opgedien word by 'n buffet tot dié wat porsiebeheer vereis (soos die vleise, groentes, soppe of bakskottelgeregte) sodat daar genoeg personeel oor is om na die mense se drankvereistes om te sien. Sien die tabel oor dienspersoneel om 'n idee te kry oor hoeveel kelners nodig is om kos en drank te bedien by verskillende soorte onthale.

Die betaling van dienspersoneel

Maak seker dat jy genoeg kontant en koeverte by jou het om die personeel aan die einde van die onthaal te kan betaal. Personeel moet kwitansies onderteken wanneer hulle betaal word.

MUSIEK

VOORAFOPGENEEMDE MUSIEK

Feitlik enige geleentheid vind baat by 'n goeie keuse van musiek. Dit is dus die moeite werd om tyd te spandeer aan die keuse van toepaslike musiek vanaf bandjies, plate en laserskywe. As dit agtergrondmusiek is, maak seker dat dit deurgaans redelik sag gespeel word. Om teen musiek te kompeteer wanneer jy 'n gesprek probeer voer (veral as dit nie die soort musiek is wat jy self sal kies om na te luister nie) is onaangenaam. Indien jy 'n informele dansparty by die huis hou, maak seker dat jou musiek vooraf uitgesoek is. Die beste is om iemand byderhand te hê wat die musiek kan speel.

Die musiek kan oorgedra word op 'n paar bandjies wat dan net elke halfuur of so aandag vereis. Hou asseblief in gedagte dat, tensy jy die musiek by die huis speel, opgeneem vanaf die oorspronklike opnames, alle opgeneemde musiek onderhewig is aan kopiereg. Wetlik moet toestemming verkry word om een opname na 'n ander bandjie oor te dra, of om 'n oorspronklike opname by 'n openbare plek te speel – dit sluit in kerk- en skoolsale! (Wanneer jy twyfel oor of jy toestemming moet verkry, kontak die Suid-Afrikaanse Musiekregte Organisasie.)

LEWENDIGE VERMAAK

Miskien beplan jy om vermaak soos volksdanse, 'n kabaretkunstenaar, 'n towenaar, 'n musiektrio of -kwartet by 'n spesiale party aan te bied. Aangesien die meeste professionele kunstenaars agente het, kan 'n mens hulle dienste deur hulle agente bespreek en ooreenkom oor die datum en betaling. Dit is egter belangrik om te probeer om na 'n optrede van die kunstenaar te gaan kyk en maak in elk geval 'n punt daarvan om die kunstenaars te ontmoet voor die party. Lig hulle ten volle in voor die tyd. (Oorsiglys 8 gee 'n lysie van punte om te bespreek.)

Musikante

Vir 'n baie elegante geleentheid mag jy dalk 'n solomusikant of 'n duo huur. Wanneer jy hulle inlig oor die geleentheid, bespreek met hulle of hulle musiek onopdringerig en sag moet wees, of hulle spesifieke optreetye sal hê, en of hulle van tafel tot tafel moet beweeg, Mediterreense styl.

Orkeste

As jy 'n groot dansparty beplan en 'n orkes wil gebruik, kan jy dit op dieselfde manier reël as met ander vermaaklikheidskunstenaars, aangesien orkeste ook meestal deur agente werk. Maar seker dat jy hoor hoe hulle speel voor die tyd, en maak seker dat hulle repertoire 'n groot genoeg verskeidenheid bevat. Bespreek vooraf hoe hard hulle moet speel. Kom ook ooreen oor die lengte van hulle pouses en hoe dikwels hulle dit sal neem.

HOOFSTUK 3

Maak Jou Huis Gereed

'N VERWELKOMENDE HUIS

'n Mens kan die atmosfeer van 'n huis aanvoel die oomblik as jy daar instap. Sommige huise laat mens instinktief ontspanne voel – ander huise kan 'n mens nie wag om te verlaat nie. 'n Verwelkomende atmosfeer word nie bepaal deur die bedrag geld wat op die meubels gespandeer is nie; dit word veral gegenereer deur die gasvrou en word geëggo deur die dinge waarmee hulle hulself omring wat hul persoonlikhede weerspieël.

Dink aan die plekke waar jy heeltemal tuis gevoel het: watter kwaliteite omtrent daardie huise het hulle spesiaal gemaak? Dit het waarskynlik min te doen gehad met die dekor, maar alles met hoe die gasheer en -vrou jou laat voel het. Natuurlik speel goeie kos 'n bepalende rol, maar dit is nie die enigste faktor wat 'n onthaal maak nie. Dit maak nie regtig saak of dit 'n ete van weelderige beesvleis of eenvoudige Chinese wegneemkos is nie: party mense het net die talent om enigiemand wat gelukkig genoeg is om 'n gas in hulle huis te wees absoluut gemaklik te laat voel, ongeag hoe formeel of informeel die geleentheid is.

Een van die geheime van 'n goeie onthaal is om jou gaste ingenome te laat voel; nie alleen met wat jy hulle aanbied nie, maar ook met hulleself. Moenie jou gaste laat voel dat hulle hul tyd gemors het om te kom want daar was niks vir hulle daar nie en niemand wat omgee of hulle daar was of nie. Goeie gashere gee vir hulle vriende om en geniet dit om hulle te bederf.

Wanneer jy mense na jou huis toe nooi, veral vir formele geleenthede, is jy in 'n sekere sin besig om 'n groot deel van jouself te openbaar, en die meeste van ons wil onsself graag as redelik netjiese en skoon mense uitbeeld. Dit is waar die pret begin, want met die idee dat 'n onthaal jou blootstel in jou agterkop, begin jy baie krities na jou huis te kyk en allerhande onvolmaakthede spring skielik op na jou toe en dit lei dikwels na koorsagtige vooronthaalbedrywighede. Iemand het eenmaal gesê om 'n onthaal te hou is 'n goeie verskoning om alles reg te maak wat gebreek het sedert die laaste onthaal. In 'n sekere mate is dit baie waar.

Een troos is dat die meeste mense nie super netjies is nie. Om die waarheid te sê, 'n super netjiese huis voel dikwels soos een waar daar nie in geleef word nie – maar dit beteken nie dat jy alles maar kan los soos dit is nie!

DINGE WAT VOORONTHAALAANDAG VEREIS

Probeer om iets van jou eie styl in jou huis te vestig ongeag wat die mode en binnenshuise versierders voorskryf. Plaas jouself terselfdertyd in die skoene van 'n gas wat na jou huis soek en dit vir die eerste keer binnekom.

OM BY JOU HUIS TE KOM

Padaanduidings

Parkering

Is jou huis maklik om te vind? Is daar duidelike en korrekte straatname en is jou huis onmiddellik identifiseerbaar weens die nommer of naam?

Maak seker parkering is beskikbaar, en as jy in 'n woonstel woon, vertel jou gaste hoe om in die parkeergarage te kom. Tref reëlings met die opsigter, indien nodig, om hulle te laat inry en om spesiale parkeerplekke vir hulle te reserveer indien moontlik.

Beligting buite

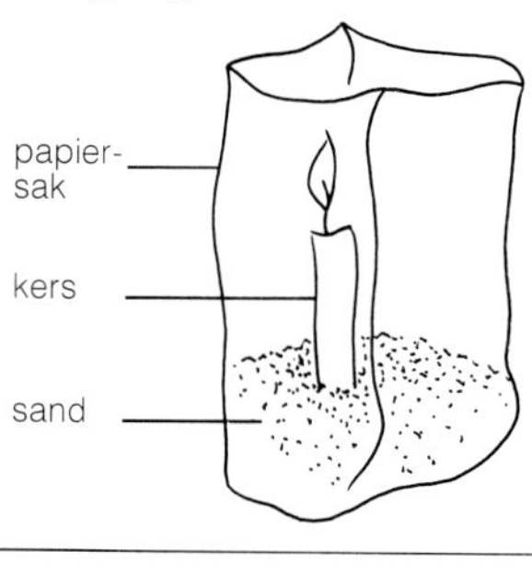

Is die area buite genoegsaam belig? Maak jy dit maklik vir jou gaste om tot by die voordeur te kom of moet hulle deur bosse sukkel op 'n swakverligte paadjie en teen ongelyke trappe af?

Dit help om 'n verwelkomende lig en 'n duidelik sigbare deurklokkie of -klopper by die voordeur te hê. Kerse in papiersakke is 'n goedkoop en bruikbare manier of jou oprit en paadjie te verlig as jy nie lampe het nie. Brandende fakkels werk ook goed. As jy 'n goedversorgde tuin het, mag jy dalk kolligte installeer om mooi beddings of bome te verlig. Kolligte is duur, maar kan baie bydra tot die nagtelike atmosfeer, soos drywende kerse in die

swembad ook kan.

Toegang

As dit reën en daar is nie onderdakparkering nie, behoort iemand die gaste met 'n sambreel te ontmoet. As jy in 'n meenthuis of 'n woonstel woon, moet jy, behalwe die reëlings vir parkering, ook jou opsigter en bure inlig oor jou planne om te onthaal. Lig jou gaste in oor jou toegangskode indien van toepassing en hoe om in die kompleks te kom.

DIE TUIN

Gee lank voor die tyd aandag aan die toestand van jou tuin indien die onthaal buite gehou gaan word. Dit hoef nie soos iets uit 'n tydskrif te lyk nie, maar die grasperk moet gesny, die blare gehark en die kinders se speelgoed moet gebêre word. As jy 'n swembad het, probeer om dit skitterskoon te kry. Maak seker dat troeteldiere weggesluit word vir die duur van die onthaal. Onthou om genoeg tyd te reserveer vir al hierdie dinge!

DIE INGANGSPORTAAL

Dit is die area van jou huis wat die gaste welkom heet. Maak dit verwelkomend met 'n vaas vars blomme – blomme maak 'n geweldige verskil. Belig dit vleiend vir 'n aandonthaal, dalk met kerse of 'n dompskakelaar. Maak seker daar is 'n mat om modderige skoene op af te vee, 'n sambreelhouer en 'n hoederak vir jasse en hoede.

KLEEDKAMERS

'n Kleedkamer naby die ingangsportaal is ideaal. As jy nie een het nie, reserveer die naaste slaapkamer daarvoor en voorsien hangers en hangplek waar die gaste hulle jasse en hoede kan laat. Vroeër is een kleedkamer vir mans en een vir dames as essensieel beskou, maar vandag is dit nie altyd moontlik nie.

DIE SITKAMER

Die meeste van jou onthale sal waarskynlik hier begin. Maak die vertrek aantreklik met blomme en sagte beligting vir die aand. In die winter is daar min dinge wat die aantrekkingskrag van 'n oop kaggelvuur om jou gaste mee te verwelkom, kan klop.

Ornamente en versierings

'n Vertrek sonder ornamente en persoonlike aandenkings gee gewoonlik die gevoel dat daar nie in geleef word nie. Dit kan so weelderig gemeubileer wees as wat jy wil, maar daar sal altyd iets ontbreek aan die atmosfeer as hierdie klein items nie daar is nie. Boekrakke vol interessante boeke; skilderye; los matte; tydskrifte in 'n rak; 'n paar geraamde foto's van geliefdes; musiekinstrumente soos 'n klavier of 'n kitaar; klein snuisterytjies liefdevol versamel en bymekaar gegroepeer op tafels en buffette – dit alles gee karakter aan 'n vertrek en laat mense dit geniet om daar te wees. Dit is die integrasie van jou persoonlike smaak in 'n vertrek wat die karakter van jou woning weergee.

Blommerangskikkings

'n Mooi blommerangskikking gee lewe aan 'n vertrek en wys die gasvrou se agting vir haar gaste en haar omgewing. As hierdie aspek van binnenshuise versiering nie jou sterk punt is nie, of as tyd 'n probleem is, kan jy jou begroting so beplan dat dit 'n bestelling by 'n bloemiste insluit.

WENKE VIR BLOMMERANGSKIKKINGS

* 'n Paar goedgeplaaste groot rangskikkings het meer impak as 'n klomp kleintjies.
* Kies blomme of kweek blomme in die tuin wat by jou kleurskema pas.
* Probeer om gesnyde blomme wat lank hou te kies en vul hulle aan of maak seker dat die water gereeld met vars water vervang word.
* Pluk blomme vroeg soggens of laatmiddag en laat hulle vir 'n uur of twee in 'n emmer water staan voordat jy hulle rangskik.
* Plaas rangskikkings waar hulle nie omgestamp kan word nie.
* Gesels met jou bloemiste oor hoe om verskillende soorte blomme te behandel sodat hulle vir so lank as moontlik vars sal bly.

Beligting

Maak die beligting in jou eetkamer dof genoeg om 'n intieme atmosfeer te skep, maar helder genoeg sodat die gaste maklik kan sien wat voor hulle neergesit word.

WENKE VIR BELIGTING

Om 'n intieme atmosfeer te skep

* Goedgeplaaste losstaande lampe, lessenaarlampe, kolligte en muurblakers (ligte teen die muur gemonteer) is effektief.
* 'n Multi-armkandelaar wat in die middel van die vertrek teen die dak afhang, kan baie feestelik lyk, maar wees gewaarsku, tensy dit deur 'n dompskakelaar beheer word, kan sy helderheid die intimiteit van die samekoms belemmer.
* Fluoresserende ligte is nie aangenaam in leefareas nie.
* Kerse is 'n maklike en effektiewe manier om 'n gesellige atmosfeer te skep, maar wees versigtig waar hulle geplaas word. Maak seker hulle word nie te hoog geplaas nie (byvoorbeeld bo-op 'n kas) want dan mag jy jou plafon moet oor verf!

Beweegruimte

Maak by 'n skemerkelkparty seker jou gaste kan vrylik om die meubels rondbeweeg en dat daar genoeg tafels is om glase op neer te sit. Dit geld ook vir aperitiefdrankies voor die ete in die woonvertrek by dinees. Dis lastig om jou drankie op die grond te moet neersit.

Sitplek

Voorsien genoeg sitplek by kleiner partytjies vir almal om gemaklik op stoele te kan sit en nie te ver uitmekaar nie. Oordeelkundig gebruik, kan los kussings baie bydra tot die gemak van die gaste, maar moenie te veel hê nie – banke of stoele vol kussings kan mens afstoot eerder as aantrek. Vir groter samekomste mag jy dalk die vertrek in twee sitareas wil verdeel indien die spasie dit toelaat.

Verversings

Behoort 'n mens versnaperings voor 'n formele dinee te bedien? In Suid-Afrika word dit nie gewoonlik gedoen nie (in die Romaanse lande is dit ongehoord om nie verversings te bedien nie!). By spesiale geleenthede is dit wel aangenaam om 'n paar borde verversings voor te berei vir die gaste om aan te peusel.

Ventilasie en kamertemperatuur

Maak die ontvangslokaal aangenaam warm – maar nie bedompig nie – in die winter. Sorg dat daar genoeg koel lug in sirkulasie is in die somer. Maak deure oop indien nodig en onthou dat kerse redelik baie warm lug genereer.

Vloerbedekking

In die algemeen is dit 'n goeie idee om 'n vorm van vloerbedekking te hê, soos los matte of volvloermatte of -tapyte. Die rede is dat 'n kaal vloer, ongeag hoe mooi dit is (selfs al word dit ondervloers verwarm) die indruk skep van koudheid. Klank eggo ook en die skraap van stoele en voete kan steurend wees.

DIE EETKAMER

Die punte genoem by die deel oor die sitkamer geld hier ook, maar waarskynlik die belangrikste vereiste vir die eetkamer is dat dit aantreklik moet lyk en die gaste laat uitsien om daar te eet.

Tafeldek

Of die tafel vir 'n formele of eenvoudige ete gedek word, die finale indruk moet een van harmonie en eenstemmigheid wees. Dit moet ook pas by die

KERSE OP DIE TAFEL

Kerse is 'n goedkoop manier om 'n feestelike atmosfeer te skep en laat die tafel baie mooi lyk.

Tipes kerse

Kerse kom in baie verskillende lengtes, vorms en groottes. Baie lang kerse op 'n buffet- of formele dineetafel kan 'n atmosfeer van statige elegansie skep, terwyl korter (15 cm) of vetter kerse geneig is om meer informeel te wees. Die kleur van die kerse sal afhang van die kleurskema van die gedekte tafel. Wit was vroeër beskou as die geskikste vir formele geleenthede, maar dit is nie meer 'n vaste reël nie.

Die plasing van kerse

* Plaas die kerse sodat dit in harmonie is met die res van die tafel.
* Verseker dat die vlamme onder of baie hoër as die ooglyn van jou gaste is – nie alleen kan die vlamme steurend wees nie, maar dit kan mense verhinder om iemand oorkant die tafel te sien.
* Vermy trekke want flikkerende vlamme kan die aandag aftrek en die was kan drup.

Kershouers

Daar is 'n groot verskeidenheid: antieke houers in goud, silwer, tin of brons; houers van hout, tin, brons, porselein, klei, glas, kristal en meer.

* Vir die etenstafel moet kershouers óf baie lank wees met lang kerse sodat gaste onder die vlamme deur kan sien, óf kort óf van gemiddelde lengte sodat die vlamme onder die gaste se ooglyn is.
* Die karakter en styl van die houers moet by die styl pas:
  – vir formele tafels is silwer-, goud- , porselein- of kristalkandelare geskik;
  – vir 'n meer informele tafel kan hout-, smeedyster-, tinhouers of dik, losstaande kerse gebruik word. Lemoene, appels, dennebolle en glase is ook geskik.
* Vir informele buitelugonthale kan kerse op klein bordjies of pierings, vasgesit met Prestik, beskerm word teen trekke met paraffienlampglase.
* Sien toe dat die kerse stewig staan. As die houer te groot is vir die kers, gebruik Prestik of lekkergoedblikkies, en as dit te klein is vir die houers kan die kerse vir 'n paar sekondes in kook water gehou word om dit sag te maak voordat dit in die houer gedruk word.

Aantal kerse

Maak seker dat die beligting genoegsaam is. Te min laat die gaste spookagtig lyk en maak hulle moeg; te veel en die intimiteit kan verlore gaan. 'n Mens kan altyd kerse op die buffet en die vensterbanke ook hê, en as jy 'n dompskakelaar het, kan muurligte aangeskakel word.

Berging van kerse

Sien toe dat jou kerse plat gebêre word en elke kleur in 'n aparte houer. As hulle in die vrieskas gesit word 'n uur of twee voor hulle gebruik word, sal hulle baie langer brand.

manier waarop jou gaste aangetrek sal wees.

Vir formele geleenthede word items op die tafel geplaas volgens standaardreëls (daar is 'n voorbeeld van 'n formele gedekte plek op bl. 19). Vir meer informele geleenthede kan die tafel gedek word volgens jou eie smaak – onthou egter dat die plasing van die eetgerei, van buite na binne, die volgorde van die geregte moet aandui.

Wat op die tafel gedek word, hang af van die spyskaart. Moenie eetgerei en glase op die tafel plaas wat nie gebruik gaan word nie – dit sal net die gaste verwar en die tafel oorvol maak. Moenie meer as drie stukke eetgerei aan elke kant van die bord plaas nie – as meer nodig is, bring dit later tydens die ete in. Sien toe dat daar genoeg elmboogspasie is vir elke gas en dat die stoele gemaklik is.

Of die tafel formeel of informeel gedek word, dit moet altyd netjies en goed gebalanseerd lyk. Alle items moet skitterskoon en harmonieus in verhouding met mekaar gedek word.

Tafeltoerusting

Die soort tafeldoek, plekmatte of servette, die soort peper-en-sout-stel, glase, eetgerei, blomme, middelstuk, enige versierings, spyskaarte, kerse of kershouers – dié dinge en die manier waarop dit saam aangewend word, word die tafeltoerusting genoem.

Die oorheersende kleur van die gedekte tafel is een van die belangrikste aspekte om te oorweeg en moet versigtig beplan word om by die agtergrondkleure van die mure, meubels en skilderye te pas of dit te komplementeer.

Die gevoel wat deur die tafeltoerusting gewek word, moet pas by die atmosfeer van die geleentheid. Dis onwaarskynlik dat die toerusting en dekor wat vir 'n informele geleentheid gebruik word dieselfde sal wees as vir 'n formele geleentheid.

Die middelstuk

Van alle tafelversierings bied hiérdie een die meeste moontlikhede. Die gewildste middelstukke is vars blomme of vrugte, maar die keuse is eindeloos: dit kan 'n versameling ornamente, 'n rangskikking van groente of selfs 'n waardevolle erfstuk wees – solank dit net iets is wat die gaste met plesier sal laat reageer.

By reghoekige en ronde tafels word die middelstuk in die middel geplaas en vorm dit die fokuspunt, en ander items, soos kershouers, word simmetries daarlangs of daarom geplaas. Op 'n buffet teen die muur sal dit óf teen die agterkant in die middel óf asimmetries aan een kant geplaas word. Ongeag hoe merkwaardig die middelstuk, dit moet steeds in balans en harmonie wees met die res van die tafeltoerusting, die tafel self en die vertrek.

Vingerbakkies

Vingerbakkies word gebruik wanneer kos met die vingers geëet word en word normaalweg nie gedek nie tensy die spyskaart daarvoor vra. Aangesien spasie op die tafel gewoonlik beperk is, word die vingerbakkies ingebring net voor die gereg waarvoor dit benodig word, bedien word (byvoorbeeld garnale of mielies), of wanneer vars vrugte as nagereg bedien word. Hulle is gewoonlik van silwer, glas, verniste hout of pottebakkery. Vul hulle minder as halfvol met warm water (nie kokend nie) en versier met 'n suurlemoenskyfie, 'n takkie mint of 'n klein blommetjie.

Asbakke

Selfs al rook jy nie, is dit hoflik om 'n asbak vir alle rokers aan die tafel te hê. Omgekeerd word dit beskou as baie onbeleefd om voor die hoofgereg te rook en terwyl ander gaste nog besig is om te eet. Gebruik silwer asbakke of asbakke wat by die res van jou tafeltoerusting pas. Maak seker dat hulle nie te klein is nie, anders sal jy vind dat hulle dikwels skoongemaak moet word.

BADKAMER

Maak seker dat die badkamer(s) wat jy vir jou gaste reserveer netjies en skoon is en dat die handdoeke skoon en netjies opgevou is. Dit geld veral as jy klein kindertjies het. 'n Paar gastehanddoekies in 'n mandjie gestapel is 'n goeie idee. Sit 'n nuwe koekie seep uit en maak seker daar is genoeg toiletpapier en

lugverfrisser. Dis bedagsaam om parfuum, handeroom en haarsproei uit te sit vir die gaste om te gebruik. Selfs die mees gewone badkamer kan opgehelder word deur 'n paar gesonde potplante, rangskikkings van droë blomme of, selfs beter, 'n vaas vars blomme. Die deur moet gesluit kan word.

SLAAPKAMERS

Onthaal-privaatheid

Indien die gaste by slaapkamers verby moet stap op pad na die badkamer, kan jy seker wees 'n paar van hulle sal inloer uit nuuskierigheid. Om jouself verleentheid te spaar, maak seker die kamers is redelik netjies, of anders, sluit hulle!

Huisgaste

Daar sal onvermydelik tye wees dat daar gaste sal wees wat oorbly by jou. Wanneer jy 'n kamer vir hulle voorberei, onthou dat, soos altyd, dit die spesiale afrondings is wat hulle verblyf onvergeetlik sal maak (sien Oorsiglys 9 vir voorstelle).

Oorsiglys 9: VOORBEREIDING VAN 'N GASTEKAMER

Lug die vertrek en plaas 'n vaas met vars blomme op die spieëltafel.

Maak seker daar is genoeg komberse en ten minste twee kussings. In die winter kan jy 'n warmwatersak in die bed sit of 'n verwarmer aanskakel in die vertrek.

Sit twee handdoeke en 'n waslap per gas uit. Jy kan badolie of sjampoe bysit.

Daar behoort genoeg kasspasie te wees sodat die gaste hulle klere kan ophang en artikels soos onderklere en truie kan wegpak. Laat 'n paar klerehangers en hangers vir rompe en broeke in die kas. Indien moontlik moet die kaste leeg wees.

Die gaste sal dankbaar wees as jy hulle van 'n goeie oorhoofse lamp, 'n vollengte spieël, 'n asbak en 'n snippermandjie voorsien.

Laat 'n goeie leeslamp langs die bed en maak seker dis hoog genoeg gestel.

Plaas 'n paar tydskrifte van algemene belang in die kamer asook 'n bakkie vars vrugte (saam met 'n bordjie, mes en servet), sjokolade of 'n bordjie koekies. 'n Beker water en glase sal waarskynlik ook welkom wees.

DIE VERANDA, STOEP OF PATIO

In 'n sonnige klimaat word die veranda, veral as dit onderdak is, beskou as 'n gerieflike verlenging van die huis. Probeer dus om dit so aantreklik soos jou binnenshuise vertrekke te maak. Meubels moet gemaklik wees en die vloer skoongevee. Plante in potte of spesiale houers is dekoratief en as die mure kaal is, maar beskerm teen die elemente, oorweeg dit om skilderye of afdrukke op te hang om dit interessant te maak. Handgeverfde borde of muurbehangsels sal 'n saai hoekie ophelder.

Moenie die beligting verwaarloos nie. Dis gerieflik om een of twee ligte teen die muur of anders oorhoofse ligte te hê. Indien die veranda onderdak is, kan hierdie ligte met 'n dompskakelaar beheer word.

Ander opsies, veral wat nie elektriese installering vereis nie, kan insluit goedkoop paraffienlampe en selfs stormlampe of lanterns wat aan hake teen die plafon of mure hang.

HOOFSTUK 4

Spyskaart-beplanning

Die beplanning van 'n spyskaart behoort 'n genotvolle taak te wees. Maak dinge maklik vir jouself deur die spyskaart eenvoudig en realisties te hou – onthou, jou doel is om jou gaste te plesier, nie om jou bekwaamheid as kok ten toon te stel nie.

EKSOTIESE DISSE

Mense is gewoonlik geïnteresseerd in nuwe of ongewone kos en as jy kookkunsavonture geniet, kan jy jou gaste trakteer op eksotiese disse as deel van die ete. Maar toets die resep wat jy wil gebruik voor die tyd om seker te maak jy bedien nie 'n flater by jou onthaal nie – laat jou gesin en goeie vriende die proefkonyne wees vir jou kookkunsskeppinge. Om egter aan die veilige kant te wees, beperk jou keuse van eksotiese disse tot een gereg – 'n klomp geregte van nuwe smaakkombinasies mag sommige van jou gaste dalk oorweldig.

RIGLYNE

Daar is geen vaste reëls nie, maar wees bewus van balans en verskeidenheid in die kombinasie van voedsel en kies kos wat verkrygbaar is in die betrokke seisoen. Kies ook geregte wat jou sal toelaat om in die raamwerk van beskikbare tyd, energie en toerusting wat jy het, te werk.

Balans

Begin deur die hoofgereg te kies en bou jou voorgereg en nagereg daarom. Byvoorbeeld, as jy besluit die hoofgereg sal 'n vorm van vleis of vis in 'n roomsous wees, probeer om nie room in die voor- of nagereg te hê nie, anders word die ete te ryk. So ook, indien jou hoofgereg 'n koue gereg gaan wees, kan dit lekker wees om 'n warm voor- of nagereg te hê.

Laat 'n verskeidenheid van voorbereidingstegnieke toe: byvoorbeeld, vermy 'n hoofgereg waar die vleis, groente en aartappels alles gebraai word, of waar die vleis en groente beide met 'n witsous voorgesit word.

Probeer om nie bestanddele in dieselfde ete te herhaal nie: byvoorbeeld, moenie 'n vichyssoise (prei en aartappelsop) gevolg deur prei a la grèque en geroomde kapokaartappels as groente voorsit nie. Vervang die preie met iets anders of, alternatiewelik, sit fettucini of rys voor as jou hoofgeregstysel. Dit beteken ook dat as jy 'n vrugtevoorgereg het, jy nie jou ete moet eindig met 'n vrugteslaai nie. Waak ook teen te veel verwante voedsel in dieselfde spyskaart: byvoorbeeld courgette- (murgpampoen) sop; patty pans, lemoenpampoen of pampoen as groente; komkommer in die slaai en spanspek-, winterspanspek- of waatlemoenskywe as nagereg. Hulle is almal kalbasplante (lede van die komkommerfamilie).

Beroep op die sintuie

Kleur

Kleur speel 'n belangrike rol in die genieting van voedsel. Maak nie saak hoe lekker dit smaak nie, bleek vis lyk smaakloos wanneer dit saam met ewe bleek aartappels en blomkool voorgesit word! Wissel kleure af en maak 'n punt daarvan om voedsel te garneer, al dit dit net 'n takkie pietersielie of 'n skyfie tamatie.

Smaak

Voedsel moet natuurlik lekker smaak ook. Daar moet harmonie wees tussen die kos op die borde en tussen verskillende geregte. Wyne moet ook die kos komplementeer. Vir die doel van spyskaartbeplanning kan smake verdeel word in sterk, middelmatig, neutraal, sout, vars en soet.

Sterk smake

Gebruik sterk smake in klein hoeveelhede as aperitiewe, of in groot hoeveelhede as die hoofgereg, voorafgegaan en gevolg deur minder sterksmakende kos. As dit saam geëet moet word, kan dit saam met ander sterk smake voorgesit word – soos kombinasies van kaas en ingelegde uie, lewer en spek, gebraaide vis en tartaar- of tamatiesous, kerrie en blatjang. Klein hoeveelhede sterksmakende happies kan saam gekombineer word as gemengde hors d'oeuvres.

Voorbeelde: spek, uie, souse, piekels, gerookte vis, haring en sardiens.

Middelmatige smake

Hulle kan eiesoortig en aangenaam wees solank dit nie oorweldig word deur sterkgegeurde kos wat daarmee saam opgedien word nie. Wanneer dit as hoofgereg voorgesit word, word dit gewoonlik voorafgegaan deur 'n voorgereg van vrugte en slaai. Dit kan gevolg word deur sterker smake, byvoorbeeld kaas of southappies.

Voorbeelde: witvleis, pluimvee, eiers, roomkaas en baie groentes.

Neutrale smake

Kossoorte, veral koolhidrate (stysels), wat slegs 'n baie ligte geur van hulle eie het, kan 'n aangename en gewoonlik goedkoop agtergrond verskaf vir meer opwindende smake. Nie een van hulle moet alleen bedien word as 'n maal nie en nie twee van hulle moet saam aangebied word nie – behalwe dat sommige mense daarvan hou om 'n paar monde vol brood saam met alles te eet!

Voorbeelde: brood, aartappels, meel, rys, mieliemeel, alle vorms van pasta en baie soorte gedroogde bone en ertjies.

Sout smake

Omdat dit nie sterk of flou is nie, is hierdie smake baie akkommoderend en kan dit dwarsdeur enige spyskaart aangebied word, vanaf sop, vis, vleis en geurige groentes tot by die kaas, sonder dat enigiemand sal dink iets kort. Ons smaakmeganismes word gou moeg en daarom is dit beter om hierdie proses uit te stel deur so 'n maaltyd te begin met slaai of vrugte wat souterige kossoorte komplementeer.

Voorbeelde: rooivleise, vis, kase, spesiale groentedisse, gebraaide kos, worsies en noenmaalvleise.

Vars smake

Vrugte of 'n slaai dien as aperitiewe aan die begin van 'n ete en maak die palaat skoon aan die einde. Sorbette (vrugtige waterroomyse) word tussen hoofgeregte by groot dinees bedien om die eters se aptyt aan te wakker vir die res van die maaltyd.

Voorbeelde: vrugte, slaaie met 'n slaaisous van olie en asyn, groen groentes en sorbet.

Reuk	Die reuksin is nou verbonde aan smaak. Vermy dit om groentes te kook wat sterk, onaangename reuke agterlaat kort voor 'n belangrike ete. Andersins, hoewel sommige mense sal verskil, is kosreuke in die huis (soos gebakte brood, knoffel en gebraaide uie) dikwels 'n aptytstimulant.
Tekstuur en vorm	Kontrasteer sagte kos soos kapokaartappels met vars, dik skywe biefstuk, en kontrasteer krakende juliennegroentes met iets sags soos blomkool met kaas.
VARIEER DIE KOSSOORTE	Nie alleen die smaak nie, maar die soort kos moet in aanmerking geneem word en goed versprei word op die spyskaart.
Ryk kosse	Dit beteken normaalweg kossoorte wat 'n groot hoeveelheid vet bevat. Vette neem langer om te verteer as enige ander kossoort, dus, kos wat vet bevat bly baie langer in die maag en gee daardie gevoel van versadiging. Daarom is dit nie wys om 'n spyskaart te beplan wat botterige of olierige souse, gebraaide kos, soetgebak en geklopte room bevat nie – jou gaste sal oorvoed en selfs 'n bietjie naar voel.
Sagte kosse	Variasie van tekstuur is net so belangrik soos die variasie van smake. Sekere soppe en eierdisse is sag, so ook sekere nageregte: byvoorbeeld blancmange, jellies en jogurts.
Aptytwekkende kosse	'n Paar kossoorte het die verrassende effek om ons honger te maak: byvoorbeeld grondbone, skyfies en (vir sommige mense) die reuk van knoffel. Souterige haring en ansjovis laat die verteringsappe vinnig vloei en is dus nuttige bestanddele vir voorgeregte.
Vullende kosse	Dit is onwaarskynlik dat vullende kosse by 'n banketmaal voorgesit sal word, maar dit kan beslis voorgesit word by ander geleenthede indien dit aan die regte mense op die regte manier aangebied word. Bedien 'n eenvoudige risotto, spaghetti of selfs toebroodjies op 'n honger tyd van die dag aan honger mense en in 'n geskikte plek – soos 'n kombuis of in die tuin – maar nie in klein, warm vertrekkies nie. Slaaie en vrugte gaan goed saam met die swaarste disse, lyk aantreklik en komplementeer die kos.
KIES VOEDSEL IN SEISOEN	Vrugte, groente en sommige seekosse is gewoonlik op hul goedkoopste en smaaklikste wanneer dit in seisoen is; maak dus die meeste van wat die seisoen bied. Vir sover dit moontlik is, beplan jou disse volgens die tyd van die jaar: vullende bakskottelgeregte in die winter; koue, ligte disse in die somer.
WEES REALISTIES	Beplan jou spyskaart volgens jou omstandighede en vermoëns. Kan jy bereik wat jy wil, met inagneming van die grootte van jou kombuis, die toerusting tot jou beskikking en enige hulp wat jy het, hetsy in die kombuis of by die tafel? Watter yskas- en werkspasie is beskikbaar? Dit maak nie sin om 'n Cannelloni of Moussaka vir 60 mense te beplan as jy nie genoeg oonde het om die hoeveelhede te kan hanteer nie. Moet ook nie te veel slaaie of nageregte beplan as jou yskasspasie nie genoeg is nie. Jy kan dit natuurlik oorweeg om 'n yskas of 'n oond te huur indien nodig.
VARIEER JOU SPYSKAART	Kies 'n ander spyskaart vir elke nuwe geleentheid, maar maak eers seker dat jy bekend is met die disse wat jy wil voorberei – jy moet liewers nie op jou gaste eksperimenteer nie! Voordat jy begin kook, maak seker dat jy alle bestanddele gereed het en in die volgorde waarin dit nodig is – dit is frustrerend om 'n spesiale dis te beplan en om dan, net wanneer jy begin kook, uit te vind jy het een van die sleutelbestanddele nie.
HOU DIT EENVOUDIG	Eenvoudige, goed voorbereide disse kan net so suksesvol wees as gekompliseerde disse. Indien jy enigsins senuweeagtig voel, kies disse wat lank voor die tyd voorberei kan word, wat min of geen laasteminuutspanning sal veroorsaak nie en wat nie sal bederf as dit 'n rukkie moet staan nie. En hou by resepte wat jy al bemeester het!

DIE OPSTEL VAN 'N SPYSKAART EN WERKPLAN

Daar is so baie om aan te dink wanneer jy enige onthaal beplan dat dit onwys sal wees om jou voorbereidings te begin sonder 'n geskrewe aksieskedule waarop jy

kan staatmaak. Jou spyskaartplan is meer as 'n spyskaart – dit is 'n werkplan wat al die detail oor die onthaal wat jy beplan, bevat. Daarop teken jy aan, behalwe die spyskaart, die soort geleentheid; die datum; die aantal gaste; die toerusting wat jy nodig gaan hê om die kos te maak; die garnering wat jy nodig gaan hê; ensovoorts. Onthou, hoe meer jy neerskryf, hoe minder dinge gaan jy miskyk of vergeet – en, gevolglik, hoe minder oorlaai gaan jy voel.

Die opstel van lysies is 'n vorm van beheer oor 'n gebeurtenis; om 'n ete in jou verbeelding deur te voer, laat die werklike geleentheid maklik lyk. Dit is van toepassing op sowel kleiner aandetes as grotes. Ons is dikwels geneig om die kleiner dinee of aandete af te maak as kinderspeletjies, maar dit kan 'n fout wees. Deur elke onthaal te beplan, ongeag hoe klein, sal vele ongelukke en irritasie vermy word.

Vir my het hierdie beplanningsisteem drie groot voordele: eerstens is die beplanningsontwerp maklik om vanaf te werk en kan dit gebruik word vir enige soort funksie, vanaf 'n kinderpartytjie tot 'n formele dinee. Tweedens is al die relevante informasie oor voedsel byderhand, gewoonlik op een bladsy, wat jou 'n oombliklike oorsig bied. Geen notaboekies en paniek meer nie, want dis alles daar reg voor jou! Derdens kan die voltooide plan geliasseer word en deel vorm van jou onthaalrekords.

Groter onthale

Plan B kan steeds gebruik word vir sestien gaste of meer. Afhangende van die hoeveelheid kos en die verskillende gange wat jy beplan om te bedien, kan jou spyskaartplan oor drie dubbelbladsye strek (sien Plan B).

Aangesien dit 'n groter onthaal is met meer gaste om te akkommmodeer, moet meer voedsel en nie-voedselitems (soos musiek) gereël word. Spesifiseer nie-voedselitems op 'n aparte vel papier.

PLAN A:

DATUM

SPYSKAART	INKOPIES

WAT GEDOEN MOET WORD:

TWEE BASIESE PLANNE

Plan A Dit is vir 'n eenvoudige aandete vir vier tot ses mense – nie gekompliseerd nie, maar vir die besige onthaler is dit handig om herinner te word aan wat nog reggesit moet word: byvoorbeeld, die botter moet in 'n botterbakkie gesit word, of daar moet nog grasuie vir die sop gekap word. Neem kennis dat selfs die klein detail soos "Gaan wyn na" ook neergeskryf word.

Plan B Hierdie plan is effens meer gedetailleerd – dit word gebruik vir die onthaal van agt tot sestien gaste. Spesifiseer nie-voedsel aktiwiteite op 'n aparte vel papier, byvoorbeeld:

- ⋆ Dek tafel
- ⋆ Rangskik blomme
- ⋆ Gaan drank na
  - – rig kroeg in
  - – ys in die yshouers
  - – sny suurlemoen
  - – plaas glase uit
- ⋆ Gaan badkamers na
- ⋆ Vee die veranda

PLAN A: ETE LANGS DIE KAGGEL VIR SES

Gaste: Mnr en Mev Smith, Mnr en Mev Jones	DATUM: Woensdag, 3 Junie
SPYSKAART	INKOPIES
Op 6 skinkborde:	Tamaties
Tamatiesop	Uie
(gegarneer met room en grasuie)	Room x 2
Op teetrollie:	Grasuie
Tuisgebakte brode en botter	*Brood by bakkery
Kase en ingelegde gemmer	Kase (5)
Hoenderlewer en tunapatee	*Patees by Woolworths
Hardgekookte eiers	Eiers
Mayonnaise	Mayonnaise
Ingelegde groente: olywe, agurkies, uie	Agurkies
Gebakte appels en vla	Appels
Koffie en sjokolade	Melk
	Filterkoffie
	Sjokolade
	Hout vir die kaggel

WAT GEDOEN MOET WORD:

Berei ses individuele skikborde voor met lappies, servette en soutpotjies.
Maak sop, hou in Thermosfles tot bediening.
Klits room, plaas in bakkie op teetrollie met teelepel.
Snt grasuie, plaas in bakkie op teetrollie met teelepel.
Verhit brode.
Plaas broodbord en -mes op trollie.
Kry dekoratiewe blare vir kaasbord.
Plaas kase op blare met gekapte gemmer en vurk in 'n bakkie.
Bedek met kleefplastiek.
Kook eiers, skil, plaas in bakkie en maak toe.
Plaas bakkie mayonnaise en lepel op trollie.
Plaas surigheid in bakkies.
Sit botter in botterbakkie.
Berei appels met rosyne en speserye.
Bak appels.
Maak vla aan en gooi in geskikte beker.
Berei skinkbord met dessertbordjies en lepels.
Berei koffieskinkbord voor: met koppies en pierings, suiker en verromer.
Berei die koffiemasjien voor: maak koffie.
Gaan die blomme na.
Wyn in die yskas – bier?
Maak seker daar is vuurmaakhout.

*Dui spesiale kopies aan, dit wil sê wat nie in 'n supermark gekoop word nie.

Dit is vir hierdie soort onthale waar 'n lêer met alfabetiese afdelings handig is. Die spyskaartplan kan onder "V" vir voedsel gaan, die kroegvereistes onder "K" vir kroeg of "D" vir drank, en as jy nodig het om 'n verhuringsmaatskappy te kontak, kan al die toepaslike informasie onder "H" vir huur geliasseer word – ensovoorts. Hou die eerste twee bladsye in jou lêer blanko sodat jy los notas kan neerskryf oor wat om te doen. Dit sal jou meesteroorsiglys wees. Sodra jy begin om die organisasie onder die knie te kry, kan afdelings alfabeties geliasseer word vir maklike naslaanwerk.

Maak jou eie spyskaartplan

Die voltooide voorbeelde van Planne A en B demonstreer hoe 'n spyskaartplan moet lyk. Moenie die kolomme wat die bedieningstoerusting en opskepbakke wat jy nodig gaan hê vergeet nie. Dis baie frustrerend om op die laaste nippertjie te besef dat jy dieselfde opskeplepels of bak in jou gedagtes aan twee verskillende disse toegeken het, of dat daar eenvoudig nie genoeg van alles wat nodig is, is nie. Verwys na die illustrasie van Plan B wanneer hierdie metode gevolg word.

Die invul van die spyskaartplan

1. Onder SPYSKAART, vul slegs die eerste gang in (in Plan B, byvoorbeeld,

PLAN B: | DATUM

SPYSKAART	VERWYSING	INKOPIES		BEDIENINGS- TOERUSTING	KOS OM OPGEDIEN TE WORD OP	GARNERING	OM TE DOEN
		GROENTEWINKEL	SUPERMARK				

PLAN B: INFORMELE AANDETE VIR 16 GASTE | DATUM: Saterdag, 16 Junie

SPYSKAART	VERWYSING	INKOPIES		BEDIENINGS-TOERUSTING	KOS OM OPGEDIEN TE WORD OP	GARNERING	OM TE DOEN
		GROENTEWINKEL	SUPERMARK				
Lasagne	Suid-Afrikaanse	1 sak uie	3 kg maalvleis	2 langsteel-	2 groot Corningware	gekapte	Koop maalvleis
	Kookkuns bl 42	pietersielie	aftrekselblokkies	lepels	bakke	pietersielie	Kap uie
			6 blikkies tamatie				Braai maalvleis vir lasagne
			3 ℓ melk				Maak béchamelsous
			meel				Kook lasagne en dreineer
			lourierblare				Kap pietersielie
			2 pakkies				Sit borde in louoond
			lasagne				Maak lasagne en bak
			kaas vir rasper				
Slaai		blaarslaai	olie	1 paar lang	plat glasbak	grasuie en	Versamel blomme
(blaarslaai, avokado, radyse, groenpepers, grasuie		radyse	suurlemoensous	tange	glasbeker en lepel	kappertjies	Was blare en droog
komkommer, olywe, sampioene, slaaisous)		komkommer					Skil en sny avokado's en week in suurlemoensap
		groenpepers					Sny radyse en groenpepers
							Kap grasuie
							Sny komkommers en sampioene
							Dreineer olywe
							Meng slaai en versier met grasuie
							Maak slaaisous
							Gooi oor in glasbekertjie
Knoffelbrood		knoffel	3 Franse brode		3 plat houtborde		Maak knoffelbotter
			500 g botter				Maak knoffelbrood
			aluminiumfoelie				Plaas in oond
							Sit borde in oond om op te warm
Roomys en warm sjokoladesous			2 ℓ roomys	2 groot	2 groot glasborde	gekapte neute	Rooster neute
			200 g sjokolade	opskeplepels		en kruisement	Kap neute
			100 g neute				Pluk kruisement en sit in yskas
							Maak sjokoladesous en herverhit
							Gooi in bekertjie
							Dek dessertbakkies en lepels
Koffie			1 pakkie koffie	koffiepot	2 skinkborde		Sit koppies, pierings en teelepels uit
			1 x room	roombeker en	lekkergoedbordjies		Sit lekkergoedbordjies uit
				suikerpot			Sit koffiemasjien uit
							Maak koffie

HOE OM 'N SPYSKAARTPLAN TE MAAK VIR PLAN B

Materiaal wat nodig is:
'n A4-skryfblok
'n rol kleeflint
'n potlood (doen jou planne altyd in potlood)
'n uitveër
'n lêer en alfabetiese lêerverdelers (vir rekordhouding – veral vir groter onthale)

Metode

1. Plak twee velle A4-papier aan die kante aan mekaar vas om 'n A3-bladsy te vorm.
2. Draai die bladsy om. Trek die kolomme en gee opskrifte soos gedemonstreer in die voorbeelde.

lasagne). Gewoonlik sal daar 'n voorgereg wees en in daardie geval, begin daarmee.

2. Gaan dan na die OM TE DOEN-kolom en skryf alles wat nodig is om hierdie deel van die spyskaart te kan uitvoer neer, vanaf inkopies of ontvriesing van vleis tot by die kap van die pietersielie vir garnering van die gaar gereg voordat dit bedien word.

In die OM TE DOEN-kolom sal jy in effek jou resep neerskryf: dit is goed, want jy sal minder geneig wees om belangrike bestanddele te vergeet of om vir klein (maar indien vergeet, tydrowende) werkies toe te laat, soos die kap van pietersielie of die rasper van kaas. Dit help ook om die werk later te verdeel in 'n tydplan vir elke dag, wat essensieel is vir die hantering van groter funksies. Terwyl jy neerskryf wat gedoen moet word, skryf ook die inkopielys en die hoeveelhede benodig neer: byvoorbeeld, 3 kg maalvleis in die INKOPIES-kolom. Dit kan weer in twee dele verdeel word: die groentewinkel en die supermark.

Wanneer jy deur die kolomme vir die hoofdis gewerk het, sluit daardie afdeling af.

3. Steeds onder SPYSKAART, skryf elke bykomstigheid vir die gang neer. In hierdie geval dink 'n mens aan 'n slaai, maar watter soort slaai? Miskien 'n gemengde slaai. Watter bestanddele het jy nodig? (Slaaiblare, avokado's, komkommer, radyse, ensovoorts.) Skryf alle slaaibestanddele waaraan jy kan dink in hierdie kolom. Jy mag dalk reeds sekere van die items in voorraad hê, byvoorbeeld olywe. Spesifiseer wat jy nie het nie in die INKOPIES-kolom.

4. Skryf onmiddellik in die OM TE DOEN-kolom neer wat gedoen moet word. Moenie slegs skryf "maak slaai" nie – dis genoeg as jy 'n slaai vir ses mense maak, maar wanneer jy 'n slaai vir 24 maak, is daar baie meer was, skil en sny betrokke. Deur alles in detail neer te skryf, word dit moontlik om makliker te delegeer ook. Later kan jy eenvoudig jou potlood in die OM TE DOEN-kolom aftrek en afmerk, met voorletters, wie van die familie of

LIASSERING VAN JOU SPYSKAARTPLANNE

Maak fotokopieë van Plan B vir eie gebruik met 'n masjien wat die diagram kan vergroot tot A3-grootte. Wanneer jy 'n plan ingevul en gebruik het, liasseer dit vir toekomstige verwysing. 'n Gerieflike manier om dit te doen, is om 'n A3-vel in die helfte te vou en om dan weer die boonste gedeelte in die helfte te vou.

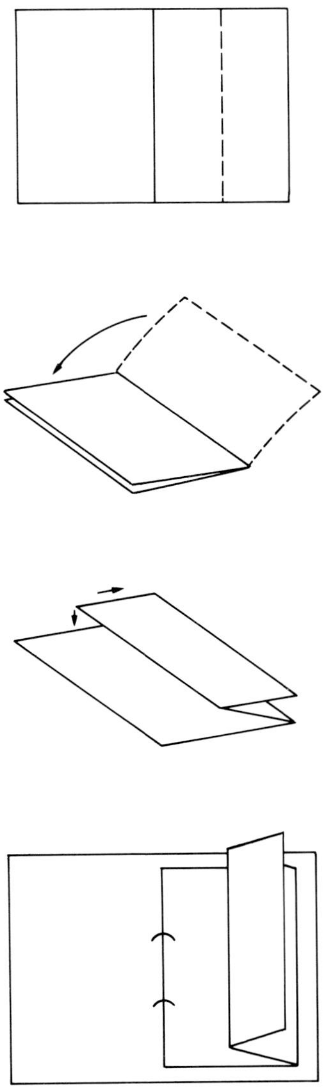

personeel wat moet doen.
5. Dink verder: wat gaan saam met slaai? Slaaisous! Het jy genoeg of moet jy nog maak? Olie en suurlemoen gaan in die INKOPIES-kolom. As jy die sous voor die tyd maak en in 'n bottel in die yskas bêre, kan jy in die OM TE DOEN-kolom 'n nota skryf om slaaisous oor te gooi in 'n eleganter houer – dit is as jy verkies dat jou gaste hulself aan die slaaisous help.
6. Gaan aan met jou beplanning: wat gaan ook goed saam met lasagne? Knoffelbrood – SPYSKAART-kolom. Wat het jy daarvoor nodig? Franse brode – INKOPIES-kolom. Hoeveel? Omtrent drie, en ook botter (ongeveer 500 g) asook knoffel en pietersielie. Jy het aluminiumfoelie nodig om dit in toe te draai, lys dit dus onder INKOPIES. In die OM TE DOEN-kolom skryf "maak knoffelbotter". As jy 'n besige skedule het, kan dit lank voor die tyd gemaak word. Maak dit net goed sag voor dit gebruik word. Om die waarheid te sê, die knoffelbrood self kan weke voor die tyd gemaak en dan gevries word.
7. Roomys en warm sjokoladesous word beplan vir dessert. Hoe gaan jy die roomys aanbied? Sekerlik nie in die plastiekhouer waarin dit gekoop is nie! Dit moet oorgeplaas word in 'n mooi bak voor die tyd (skryf "skep roomys oor" in die OM TE DOEN-kolom) en moet versier word met gekapte neute en kruisementtakkies. Maar gekapte neute smaak veel lekkerder wanneer dit gebraai is, skryf dus weer "kap en rooster neute" in die OM TE DOEN-kolom. As jy wys is, sal jy dit weke voor die tyd doen. ('n Wenk: vries altyd jou sade en neute. Dit keer dat die olies wat hulle bevat galsterig word.) Oor die kruisement – wel, dit groei in 'n bos naby 'n kraan onder in die tuin. Weer eens, "pluk kruisement" gaan in die OM TE DOEN-kolom. Terloops, die meeste van die kruie (behalwe basilikum) kan die dag voor die tyd gepluk word en in 'n toe plastiekhouer met 'n bietjie water in die yskas gebêre word.

So kan jy aangaan totdat jy by die koffie kom – moenie vergeet om jouself te herinner om melk in die roombeker te gooi nie (dit kan ook gedelegeer word).

Wanneer jy die grootste gedeelte van die plan ingevul het, dit is die spyskaart, inkopies en aktiwiteite, kan jy jou aandag op die ander aspekte van aanbieding van kos vestig:
8. Waarin gaan jy die kos bedien, en watter kombuisgereedskap het jy nodig om dit vinnig en maklik te kan bedien (indien kombuisgereedskap wel nodig is)?

In hierdie spesifieke voorbeeld word lasagne vir sestien gaste voorgesit. Dit word die beste gedoen vanuit twee of drie groot, plat, diep en verkieslik aantreklike bakke. As jy nie sulkes besit nie, mag jy dalk een of twee moet koop of leen. Wat ook al, jy sal sulke bakke in die hande moet kry en deur so te beplan herinner jy jouself om aandag aan hierdie punte te gee.

Ten opsigte van kombuisgereedskap, jy behoort langsteellepels (ongeveer 30 cm lank; die soort wat deur spyseniers gebruik word) te hê, verkieslik van silwer of 'n goeie kwaliteit vlekvrye staal. Skryf neer watter reëlings getref moet word om sulke lepels te kry as jy nie reeds sulkes het nie.
9. Hoe gaan jy die opskepbakke versier? Soos reeds genoem, dit is alles nie so belangrik as jy min gaste het nie, maar sodra jy meer as 12 gaste het, moet al hierdie klein dertigsekondeaktiwiteite in ag geneem word, veral as jy wil hê jou ete moet gekoördineer lyk en jy nie weg van jou gaste wil wees vir langer as wat absoluut noodsaaklik is nie.

Onthou, die doel van die spyskaartplan is om alles makliker te maak deur jou te dwing om aan alles op 'n logiese manier te dink en sodoende die pre-onthaalpaniek te voorkom wat 'n mens so dikwels oorval wanneer te veel dinge aan toeval oorgelaat word of nie goed genoeg deurdink is nie.

HOOFSTUK 5

Praktiese Wenke van Inkopies tot Aanbieding

HOEVEELHEDE

As jou spyskaart eers klaar beplan is, is een van die moeilikste take om te skat hoeveel jou gaste gaan eet. Vroeër was dit nie 'n probleem nie, want alles wat oorgebly het, is aan die personeel gegee. Vandag, egter, maak stygende voedselpryse dit wenslik om die hoeveelhede meer akkuraat te skat.

RIGLYNE

★ Hoe langer die funksie, hoe meer word geëet.
★ As die gaste mekaar goed ken, is hulle geneig om meer te eet.
★ Op koeler dae en by buitelugfunksies eet mense gewoonlik meer.
★ Hoe meer mense by 'n funksie, hoe minder hoef jy toe te laat per kop, byvoorbeeld, vir 'n onthaal vir 100 mense, bereken volle hoeveelhede vir 85 mense.
★ Meer word geëet by 'n formele dinee as by 'n buffetete.
★ Probeer voorspel watter disse gaan die gewildste wees en berei daarvolgens.

VERDUBBELING VAN HOEVEELHEDE

Normaalweg is dit nie te moeilik om standaardresepte vir vier tot ses se hoeveelhede te verdubbel nie – die probleme begin wanneer die hoeveelhede verdrie- of vervierdubbel moet word. Weerstaan die versoeking om dit alles op een slag te doen, want om sulke hoeveelhede te kan hanteer, het jy toerusting soos baie groot panne, mengbakke en lepels en 'n industriële grootte eierklitser nodig. Doen liewers dieselfde resep twee of selfs drie keer oor. Wees veral versigtig met vermenigvuldiging wanneer daar gelatine of reduksiesouse betrokke is.

DIE KOOK VAN GROOT HOEVEELHEDE

Dis gevaarlik om warm disse vir meer as 30 mense op een slag te kook. Groot hoeveelhede kos neem lank om warm te word en net so lank om af te koel en bakterieë het genoeg tyd om te broei wanneer die kos louwarm is.

Berei voedsel liewers in verskeie kooksels en laat dit vinnig koel word deur die pot in 'n trek in 'n bak koue water te laat staan. Hervul die water in die wasbak of bak verskeie kere sodra dit warm word indien nodig. Laat altyd die deksel van die pot af terwyl die kos afkoel. As dit eers koel is, kan dit in die yskas gebêre word.

Met die voorbereiding van voedsel in groot hoeveelhede is dit dikwels die beste om 'n "produksielyn"-metode te volg – dis vinniger om al die vleis op een slag te sny, en al die groente sag te maak, ensovoorts, en om dan die bestanddele te verdeel in kleiner, aparte kastrolle om gaargemaak te word.

Die aantal disse op die spyskaart sal bepaal hoeveel kos voorberei moet word: byvoorbeeld, as die maal slegs bestaan uit 'n beesvleisbredie en rys, sal jy veel meer bredie en rys moet kook as wanneer daar 'n voorgereg, twee of drie slaaie, groente, nagereg en brood ook is. As daar 'n verskeidenheid groentes en slaai is, sal jou gaste proporsioneel minder van daardie kos eet. Reken op altesaam een en 'n halwe groot porsie per kop. Byvoorbeeld, indien jy besluit het op vyf slaaie vir 100 gaste, maak seker dat daar 150 porsies of 30 porsies van elke slaai is. Die gids tot hoeveelhede hier langsaan kan as riglyn gebruik word. Bereken meer as net mans of tieners onthaal word, of minder indien net ouer mense, kinders en vroue onthaal word.

DIE KOOP EN VOORBEREIDING VAN VOEDSEL

Dis selde moontlik om alles wat jy nodig het vir 'n onthaal op een dag gekoop te kry. Daarom – en dit voorkom ook dat jy oorlaai is op die dag van die onthaal – help dit om 'n idee te hê van wat jy met kos voor die tyd kan doen. Hier is 'n paar voorstelle:

DIE WEEK VOOR DIE TYD
Beplan 'n kookskedule

As jy jou spyskaart klaar opgestel het, beplan jou kookskedule sodat jy presies weet wat om wanneer te doen. Doen dit deur jou OM TE DOEN-kolom op die spyskaartplan deur te gaan en elkeen van die werkies aan vier of vyf dae voor die onthaal toe te ken – laat net essensiële kook- of voorbereidingswerk

GIDS TOT HOEVEELHEDE

Bestanddele of gereg	Aantal porsies per kg of ℓ	1 porsie	25 porsies	50 porsies
Sop	5 per ℓ	200 mℓ	5 ℓ	10 ℓ
Vis				
Gerookte salm as voorgereg	11-12 per kg	80 g	2 kg	4 kg
Rou filette	5 per kg	200 g	4 kg	8 kg
Gekookte skulpvis as hors d'oeuvres	20 per kg	50-75 g	1,5 kg	3 kg
Gekookte skulpvis as hoofgereg	6 per kg	140-160 g	3,5 kg	7 kg
Heel groot visse met koppe, nie skoongemaak nie	3 per kg	340 g		
Ontbeende vis (in pastei met sous)	6 per kg	170 g	4 kg	8 kg
Vleis				
Rou rooivleis, ontbeen	6-8 per kg	110-150 g	3 kg	6 kg
Rou rooivleis met bene	4 per kg	300 g	7 kg	11 kg
Maalvleis vir herderspastei, hamburgers, bobotie	6 per kg	170 g	4,2 kg	8 kg
Gebraaide filet (heel)	5 per kg	200 g	3x2 kg filette	6x2 kg filette
Wildsboudkasserol (met bene)	8-9 per 2 kg	180 g		
Koue vleise, ham, tong, ens.	6-7 kg	150 g	3,8 kg	7,4 kg
Pluimvee				
Gebraaide kalkoen	2-3 per kg	450 g per persoon		
Gebraaide hoender	2 per kg		5 groot hoenders	8-10 hoenders
Gebraaide eend	3-4 per 1x3 kg eend		6x3 kg eende	8-10 x3 kg eende
Fisant	1 per persoon			
Hoenderpastei			4 hoenders	7 hoenders
Gekookte hoenderblokkies met sous	9 per kg	120 g	3 kg	5,5 kg
Groentes Rou geweeg; 2 groentes, aartappels uitgesluit, bedien met hoofgereg: 100 g per persoon				
Bone, groen	12 per kg	85 g	2,2 kg	4 kg
Ertjies	12 per kg	85 g	2,2 kg	4 kg
Spinasie	3 per kg	330 g	8 kg	14 kg
Brusselse spruite	10 per kg	100 g	2 kg	4 kg
Wortels	10 per kg	100 g	2 kg	4 kg
Kool	10 per kg	100 g	1x2 kg koolkop	3-4 koolkoppe
Aartappels, gekook	7 per kg	150 g	3,75 kg	7 kg
Aartappelskyfies	4 per kg	200-250 g	6 kg	12 kg
Blomkool (gekook)	7 per kg	150 g	3,7 kg	7 kg
Rys (rou)	14 per kg	70 g	1,7 kg	3,5 kg
Slaai				
Aartappelslaai	10 per kg	100 g	2,5 kg	4,5 kg
Beetslaai	20 per kg	50-75 g	1,3 kg	2,5 kg
Blaarslaai	11 per kg		3-4 koppe	4-5 koppe
Komkommerslaai	17 per kg	60 g	1,6 kg	3 kg
Koolslaai			2 koolkoppe	3 koolkoppe
Tamaties (heel)	16 per kg	1-2	1,5 kg	3 kg

GIDS TOT HOEVEELHEDE

Bestanddeel of gereg	Aantal porsies per kg of ℓ	1 porsie	25 porsies	50 porsies
Tamaties (gesny)	13 per kg	80 g	2 kg	4 kg
Wortelslaai	13 per kg	75 g	1,8 kg	3,6 kg
Slaaisous	33 per ℓ	30 mℓ	750 mℓ	1,5 ℓ
Nageregte				
Aarbeie, vars	7 per kg	135 g	5 kg	7 kg
Geklopte room	40 per ℓ	25 mℓ	625 mℓ	1,25 ℓ
Roomys, alleen	8-9 per ℓ	125 mℓ	3 ℓ	5 ℓ
Roomys saam met ander nageregte	12 per ℓ	80 mℓ	2 ℓ	3 ℓ
Vla	20 per ℓ	50 mℓ	1,25 mℓ	2,5 ℓ
Vrugteslaai	7 per ℓ	150 mℓ	3,75 ℓ	6 ℓ
Jelliepoeier	60 per kg	15 g	400 g	800 g
Jellie, gemeng	10 per ℓ	100 mℓ	2,5 ℓ	5 ℓ
Koekstruif	6 per ℓ	150 mℓ	4 ℓ	8 ℓ
Drank				
Vrugtesap, koeldranke, pons, ens.	5 per ℓ	200 mℓ	5 ℓ	10 ℓ
Vrugtekwas	5 per ℓ	200 mℓ	750 mℓ vir 4 ℓ water	2 x 750 mℓ vir 8 ℓ water
Tee	250 koppies/250 g	200 mℓ	50 g teeblare	125 g teeblare
Melk vir tee/koffie	40 per ℓ	25 mℓ	625 mℓ	1 ℓ
Suiker vir tee/koffie	80 per kg	12,5 mℓ	300 g	600 g
Koffie (gemaal)	80 koppies per kg 20 koppies per 250 g	200 mℓ	250 g met 5 ℓ water	500 g met 10 ℓ water
Koffie (kits)	400 per kg 100 per 250 g blik	2,5 g met 200 mℓ water	60 g met 3,5 ℓ water	125 g met 8 ℓ water

GIDS TOT HOEVEELHEDE

KOEK, BROOD EN TOEBROODJIES

Ø = deursnee

Koek

5 cm dik, 15 cm Ø – 6 snye
5 cm dik, 23 cm Ø – 10 snye
Vierkantig, 23 cm x 23 cm x 7 cm – 16 snye

Brood

1 brood, in dun snye gesny – 20 snye
1 brood (10 pare, in kwarte gesny) – 40 toebroodjies
Oop toebroodjies – 2 snye per persoon
Franse brood 30 cm lank – 6 porsies

Botter

Laat 30 g per persoon toe indien brood saam met die kos voorgesit word.

Botterkrulle – 3 per persoon

Vullers en smere

125 g botter of margarien – 25 snye brood
500 g botter of margarien vir ± 100 broodrolletjies
Om een brood te smeer:
125 g botter en
75 g kaas, of
8 gekookte eiers, of
375 g gekookte vleis

KAAS

Wanneer een bloukaas, een harde en een Brie-tipe kaas voorgesit word, is
225 g van elke kaas genoeg vir 8 mense.

As net een soort kaas bedien word:
85 g per persoon vir tot 8 mense
55 g per persoon vir tot 20 mense
30 g per persoon vir meer as 30 mense

By 'n kaas-en-wyn-onthaal:
100-150 g per persoon vir tot 8 mense
100 g per persoon vir tot 20 mense
85 g per persoon vir meer as 20 mense

Jy kan verwag dat kaas sal oorbly wanneer jy klein getalle onthaal, maar dit is onvermydelik omdat die kaasbord nie te karig moet lyk nie.

SKEMERKELKONTHALE EN TROUES

Bereken 10 southappies per kop as normale skemerkelkverbruik.
Bereken 14 southappies per kop as gaste nie na die tyd 'n maaltyd gaan nuttig nie, byvoorbeeld, middagetetyd.

Bereken 4-5 southappies per kop met drankies voor middag- of aandete.

Bereken 8 southappies plus 4 klein soetkoekies of pasteitjies per kop by 'n huweliksonthaal.

Oorsiglys 11:

WENKE VIR INKOPIES:

* Koop die beste kwaliteit wat jy kan bekostig.
* Koop die mees ekonomiese hoeveelheid benodig.
* Koop vars produkte waar moontlik; gevriesde voedsel is gewoonlik duurder.
* Versprei die werklas deur sop, stowegeregte en nageregte voor die tyd te maak en te vries.

vir die dag van die onthaal. Sny hoeke waar jy kan. Dit mag makliker wees om sekere dinge te koop in plaas van om dit self te maak – byvoorbeeld roomys, sjokolade, brode, quiches en sekere soorte koekies en tertjies. Bestel items wat jy dalk in groot hoeveelhede nodig gaan hê en wat moeilik mag wees om te kry, 'n week voor die tyd of vroeër.

Maak inkopielyste

Maak ook 'n aparte inkopielys saam met die kookwerk vir vier of vyf inkopiedae voor die geleentheid. Die eerste groot inkopiedag sal gewoonlik drie of vier dae voor die funksie wees en sal al die nie-bederfbare items en die bestanddele van disse wat voor die tyd gemaak word, insluit. Uit my ervaring is die slegste dae om inkopies te gaan doen Sondae en Maandae, want die winkelvoorrade is gewoonlik laag. So ook mag voorrade uitverkoop wees op Vrydae en Saterdae en dikwels is dit dan ook baie besig. Die beste dae om inkopies te gaan doen is dus Dinsdag, Woensdag en Donderdag. Vind uit watter dae die beste is in jou omgewing.

Die koop van vars voedsel

Dis die beste om vrugte en groente 'n dag voor die tyd te gaan koop. Dit hang ook af van hoeveel yskasspasie jy het. Moet egter nie te vroeg in die oggend na groente- en vrugtewinkels toe gaan nie, aangesien vars goedere normaalweg eers laatoggend afgelewer word. Neem kennis dat vars voedsel almal verskillend behandel en gebêre moet word. Aarbeie, byvoorbeeld, moet nie sodra jy tuiskom, gewas word nie, want hulle sal pap word. Hou hulle ongewas, toegedraai en in die yskas totdat jy hulle nodig kry. Wortels, egter, kan gewas, geskil en in houers in die yskas gehou word vir 'n paar dae sonder enige skade.

Die koop van bederfbare voedsel

Wees versigtig om nie hoogs bederfbare voedsel soos tamaties, slaaiblare, perskes, sjokolade, roomys, hoender of vis in 'n warmgebakte motor te los terwyl jy ander inkopies doen nie. Hulle mag begin sleg word of smelt terwyl jy weg is. As jy ver van die winkels woon, kan jy dit oorweeg om te belê in 'n paar groot polistireenkoelhouers en yspakke om in jou motor te hou op groot inkopiedae.

Die aand voor die tyd

Gaan deur jou spyskaartplan, notas en resepte. Probeer om die resepte sover moontlik te absorbeer – geestelike voorbereiding kan werklik die vloei van werk help op die aangewese dag.

Die dag van die funksie

Probeer om die oorblywende inkopies so vroeg as moontlik te gaan doen. Nog beter, kry iemand anders om dit vir jou te doen. Laasteminuutinkopies sal enige seekos, brode en spysenieringsvoorrade insluit wat jy bestel het. Dink goed oor hierdie laaste inkopies en kry alles bymekaar sodat jy totaal kan konsentreer op die finale voorbereidings.

Probeer om soveel as moontlik van die kookwerk deur die dag af te handel. Begin met die dis wat die langste neem om te kook, of die een wat die beste hou as dit voor die tyd gekook word, en beplan 'n logiese progressie sodat daar genoeg tyd is om alles in te pas. Probeer om geen braaiwerk in jou onthaaluitrusting te doen nie. As jy moet, maak seker jy dra 'n groot oorjas en 'n stortkappie om te voorkom dat jou hare en klere na gebraaide kos ruik.

Gebruik goeie kombuisgereedskap om groente voor te berei. Skerp messe is meer effektief en die kanse is minder om jouself raak te sny. Wanneer vleis in die kombuis of eetkamer gesny word, het jy goeie gerei nodig. Gebruik 'n vleisvurk en 'n goeie vleismes of, nog beter, gebruik meer as een mes indien jy vir baie mense sny – warm vleis maak die snykant van 'n mes stomp en dus minder doeltreffend. Sny die helfte van die vleis met die eerste mes en die res met die tweede mes. As jy 'n elektriese mes verkies, gebruik dit liewer in die kombuis want die lawaai sal die geselskap versteur.

Beplan vir tyd om te ontspan

Hou die doel van jou onthaal in gedagte – die onderhoud of vestiging van verhoudings met jou gaste. Die vorm van onthaal wat jy aanbied is die agtergrond vir aangename persoonlike kontak en geselskap. Die sprankel, vrolikheid en vriendelikheid wat deur die gasheer en -vrou oorgedra word, is van deurslaggewende belang. Laat dus genoeg tyd toe vir 'n welverdiende ruskans, 'n ontspannende bad en tydsame aantrek en grimeer tussen die laasteminuutvoorbereidings en die aankoms van jou gaste. Jy is dit verskuldig aan jou gaste, jou eggenoot en veral aan jouself.

KOS WAT MOET STAAN

Daar is slegs 'n paar disse soos soufflés en aartappelskyfies wat dadelik na voorbereiding bedien moet word. Die res kan opgeskep word wanneer dit jou pas en voor die gaste aankom. Dit beteken dat, indien jy nie 'n huishulp het nie, jy die kooktoerusting kan was, die kombuis netjies kan maak, tyd kan hê om aan te trek en uiteindelik jou gaste te verwelkom en dat jy met hulle kan gesels sonder om jou oor die kos te bekommer.

HOE OM VOORBEREIDE KOS GOED TE LAAT LYK

Nadat die kos voorberei en opgeskep is, moet 'n paar dinge gedoen word om seker te maak dat dit nog aptytwekkend lyk wanneer dit voorgesit word. Die metodes hiervoor wissel afhangende van die soort dis – hier volg 'n paar riglyne:

Patees

Toegemaak met kleefplastiek en in die yskas gehou, laat hulle goed hou. Dit sal smaak verbeter as hulle 'n halfuur voor bediening uit die yskas gehaal word.

Gesnyde vrugte, koue vleise, kase en toebroodjies

Dit sal uitdroog as dit nie met kleefplastiek toegemaak word nie. As 'n algemene reël, maak alles wat in die yskas gehou word met hierdie plastiek toe as dit nie reeds in 'n bak met 'n deksel is nie.

Slaaie

Maak die slaai op die gewone manier. Maak die bak of opskepbord styf toe met foelie of kleefplastiek. Houtslaaibakke word die maklikste met 'n stortkappie toegemaak. Bêre in die yskas. Gooi die slaaisous net voor bediening by; as dit te vroeg oorgegooi word, word dit slymerig en die slaai word pap.

Soppe

Sop kan warm op die stoof gehou word met die plaat op laag. Maak toe om te voorkom dat 'n velletjie vorm en roer van tyd tot tyd. Warm sop kan ook in 'n Thermosfles gegooi word en direk daaruit opgeskep word.

Souse

Plaas souse in 'n dubbelbodempot. Moenie dat die water onder kook nie. Voorkom skifting van die sous as daar eier, room of wyn in is deur besondere aandag aan die bergingstemperatuur te gee – moenie dat dit te warm word nie. Dit is veral van toepassing op souse soos Hollandaise wat 'n eierbasis het.

Viskasserolgeregte

As jy van plan is om die dis lank voor die tyd voor te berei, onderkook dit effens. Probeer om visdisse 30-40 minute na kook op te dien, aangesien die sagte tekstuur van vis vinnig taai word as dit staan. Om te voorkom dat vis droog word na dit gebak, gerooster of gebraai is (sonder kors), smeer dit met 'n sous van gesmelte botter en, as jy dit sag wil hou, maak dit toe.

Gebraaide vis in eier en broodkrummels

Dit kan suksesvol warm gehou word deur die gaar, goed gedreineerde vis op absorberende papier op 'n groot plat bord te plaas. Hou oop en moenie dat die porsies aan mekaar raak nie, want dan sal kondensasie plaasvind en die vis sal pap word. Die bord kan dan in 'n lae oond (100-110° C) of in die verhitte kas van 'n elektriese opskeptrollie gehou word.

Gebraaide kos in 'n beslag

Hierdie kos bly nie bros nie en dit is beter om dit vars voor te sit.

Vleis en pluimveedisse

Bereken kooktyd sorgvuldig en onderkook 'n minuut of twee per 500 g bees- of lamsvleis. (Suid-Afrikaners maak hulle vleis te gaar volgens internasionale standaarde.) Plaas die stukke op 'n warm opskepbord, maak toe met foelie en hou in 'n lae oond of in 'n verhitte opskeptrollie. Hoender kan ook gesny en op 'n verhitte opskepbord gerangskik word. As jy hierdie metode kies, gooi 'n bietjie van die natuurlike vleissous oor voordat die bak toegemaak word. Hou in gedagte dat wanneer jy vleis gesny het, soos filet, en dit toegemaak in 'n louoond plaas, dit gou nie meer pienk in die middel sal wees nie, hoewel dit nog sag en sappig sal bly.

Bees- en hoenderkasserolgeregte

Hulle sal goed hou as dit vroeër in 'n kasserolbak met 'n styfpassende deksel geskep is en op 'n warmskinkbord of in 'n louoond gehou word. Die temperatuur vir berging moet omtrent 80° C wees sodat geure goed kan meng en sodat dit nie oorkook of droog word nie.

Groentedisse

Groen groente soos boontjies of broccoli is geneig om hul kleur en geur te verloor as dit te lank staan. Maar hulle behoort te hou vir 30–40 minute as hulle effens onderkook word, in gesmelte botter gerol en die opskepbak dig toegemaak word voordat dit in 'n louoond of elektriese trollie gesit word. Onthou: gebruik breëbodembakke op 'n warmskinkbord sodat die grootste moontlike deel van die oppervlak van die bak in kontak met die hitte kan kom.

Gebakte of diepgebraaide groente

Dit kan net 'n klein rukkie warm gehou word voordat dit pap word. Moet dit nooit toemaak nie. Rangskik gebraaide aartappels in 'n baie warm bak en hou in 'n verhitte trollie of in baie lae louoond. Pak net in een laag om kondensasie te voorkom. 'n Bain-marie is nie geskik vir gebraaide of gebakte groente nie.

Rys- of pastageregte

Om te voorkom dat hierdie disse taai word, dreineer en was die rys of pasta twee keer na dit gekook is. Rol dit dan in warm olie, gesmelte botter of margarine, of meng met 'n sous. Skep in 'n warm bak en maak toe.

Croutons

Hierdie blokkies brood, in gegeurde, gesmelte botter of olie gebraai, bly bros as dit op 'n plat bord met absorberende papier gepak word en in 'n louoond of opskeptrollie gehou word. Moenie toemaak nie.

Roosterbrood

Dis moeilik om roosterbrood warm te hou, want dit word óf pap óf kliphard. Dis dus maar beter om dit net voordat die gaste aansit, te maak.

Pasteie en quiches

Hou dit in 'n louoond. Moenie toemaak nie en as dit klein, individuele pasteitjies is, maak seker hulle nie aan mekaar raak nie.

OPSKEPBAKKE

Die bak waarin kos lank warm gehou kan word, moet van die soort wees wat aanbeveel word vir die doel. Gaan dié punt na wanneer jy porselein koop. 'n Groot verskeidenheid oond-tot-tafel-bakke is beskikbaar en van die terme wat gebruik word om hulle te beskryf, word hieronder verduidelik.

Hittebestand — Kos kan lank warm gehou word in hierdie bakke.

Oondbestand — Hierdie bak kan in die oond gebruik word om mee te kook.

Mikrogolfbestand — Geskik om in 'n mikrogolfoond mee te kook.

Vuurvas — Hierdie bak kan op die stoof gebruik word, onder die rooster en in die oond. Vuurvaste bakke kan ook uit die yskas direk in die oond in gaan om mee te kook. Dit kan nie met 'n oondbestande bak gedoen word nie; nadat dit in die yskas was, moet die bak en die kos toegelaat word om kamertemperatuur te bereik.

WENKE OOR DIE AANBIEDING VAN KOS

ALGEMEEN

★ Laat genoeg tyd toe om kos op borde of opskepborde op te skep en die kos aantreklik te laat lyk.

★ Moenie die borde of opskepborde oorvol maak nie, aangesien dit sal afbreuk doen aan die voorkoms.

★ Leer hoe om 'n buisversiersakkie te gebruik. Meringues, aartappelkoekies, kapokaartappels, kanapeevulsels en roomversierings of dekoratiewe afwerking vir nagereg lyk almal baie professioneel wanneer dit met 'n buisversiersakkie gedoen word. Dit vereis slegs 'n bietjie oefening.

OPDIENINGSBORDE

★ 'n Vierkantige bord kan baie aantreklik lyk met ronde kos op en omgekeerd. 'n Reghoekige bord kan baie mooi lyk met kos diagonaal daarop uitgepak.

★ Hoe ligter 'n bord is, hoe makliker is dit om rondgestuur te word – mandjiewerk vir hors d'oeuvres en verversings is dikwels 'n baie beter keuse as porselein.

★ As jy hou van glasborde, bou 'n versameling op van borde met teksture, want vet- en oliemerke wys nie maklik op sulke oppervlakke nie.

★ Hoe mooier die opdieningsborde, hoe minder hoef jy te garneer!

★ Eenvoudige kos kan 'n elegante en duur voorkoms kry wanneer dit op silwer borde bedien word.

DOILIES

* Wees spaarsamig met die gebruik van doilies. As jou opdienbord aantreklik genoeg is, is 'n doilie oor die algemeen onnodig.
* As jy nodig het om 'n ou skinkbord of opdienbord te vermom, maak dit eers toe met aluminiumfoelie voordat jy 'n doilie bo-op sit.
* Gebruik doilies net vir droë kos soos brood, meringues en beskuit.
* Moenie doilies op 'n kaasbord gebruik nie. Dit is frustrerend om stukkies papier van 'n stuk Brie af te trek! Wanneer gaste kase sny, sny hulle ook die doilie raak en dit lyk uiteindelik baie slordig.

GARNERING

* Garnering kan informasie oor die kos gee wat dit versier – 'n rooi rissie op 'n Meksikaanse boontjiedoopsous dui aan dat dit brand. So ook sal snye lemoen, lemoensegmente of -skil aandui dat 'n poeding lemoenroom is, en 'n ligbruin poeding gegarneer met sjokoladekoffiebone wys dis 'n koffiemousse. Gebruik soet speserye soos kruisement vir nageregte en pietersielie vir soutgeregte.
* Blomme soos viooltjies, botterblomme, madeliefies, jasmyn, laventel, kappertjies, gesiggies en asters is ook aantreklike garnerings. Moet egter nie dat hulle inmeng of die kos oorskadu nie.
* Gebruik kontrasterende komplementêre kleure, byvoorbeeld groen kiwivrugteskywe om 'n wit sjokolademousse of roomys te versier; of snye oranje veselperske op rooi aarbeisous en rond af met 'n klein, wit blommetjie of 'n groen kruisementtakkie; of pienk-oranje gerookte salm versier met dun suurlemoenwiggies en 'n jong, groen suurlemoentakkie.
* Vermy kunsmatige garnering soos rose uit radyse of tamaties gesny. Dit is tydrowend om te maak en is uiteindelik 'n vermorsing.

OM DIE GEHEUE TE HELP

Die oorsiglyste wat hier volg sal verder help om jou aksies in volgorde te beplan en is veral nuttig vir groot onthale.

Oorsiglys 12:
DINGE WAT SES TOT AGT WEKE VOOR DIE TYD GEDOEN KAN WORD

- Nooi die eregaste.
- Besluit op 'n datum en finaliseer die plek. Stuur 'n deposito indien nodig.
- Ontwerp, druk en stuur uitnodigings uit. Sluit kaarte in indien nodig.
- Bespreek 'n orkes, diskoteek, musikante of 'n kabaretkunstenaar. Stuur 'n deposito indien vereis.
- Bespreek 'n fotograaf.
- Beplan jou spyskaart.
- Toets die kos as die onthaal nie by jou huis is nie.
- Bespreek 'n markeetent indien nodig.
- Bespreek 'n spysenier indien nodig.
- Besluit oor die items wat gehuur moet word. Bespreek die items en reël vir aflewering.
- Bespreek assistente (kombuishulp, kroegman en kelners).

Oorsiglys 13:
DINGE WAT TWEE TOT SES WEKE VOOR DIE TYD GEDOEN KAN WORD

- Finaliseer kosreëlings.
- Kies die wyne.
- Berei geregte wat gevries kan word.
- Gaan die RSVP's na (twee weke voor die datum). Indien nodig, skakel diegene wat nog nie geantwoord het nie.
- Kontroleer jou bespreking van goed wat gehuur moet word volgens jou finale gastelys.
- Bestel blomme.
- Begin pleknaamkaartjies uitskryf volgens die RSVP's.
- Poleer jou silwer eetgerei (indien jy het) en bêre in plastieksakkies.
- Versorg die tuin.
- Stel die polisie, verkeerspolisie en jou bure in kennis.
- Beplan die dekor en begin om posters, muurbehangsels, drapeersels, ensovoorts te maak indien van toepassing.

Oorsiglys 14:
DINGE WAT IN DIE LAASTE WEEK GEDOEN KAN WORD

- Beplan jou inkopies. Maak aparte lysies vir:
kruideniersware
delikatessewinkels
groentewinkel of mark
viswinkel
bakkery.
- Maak 'n lys vir die drankwinkel en plaas 'n bestelling.
- Inspekteer die plek waar die onthaal gaan plaasvind. Organiseer enige ekstras indien nodig.
- Berei die kos wat vir 'n paar dae sal hou, soos mayonnaise of gemarineerde kos soos ingelegde vis.
- Maak soutpotte en pepermeulens vol.
- Begin om yskas/te leeg te maak om plek te maak vir die onthaalkosse.
- As dit 'n aansitfunksie is, maak 'n rowwe sitplekplan.
- Skryf die spyskaarte uit as jy handgeskrewe spyskaarte gaan hê.

Oorsiglys 15:
DINGE WAT DIE DAG VOOR DIE ONTHAAL GEDOEN KAN WORD

- Pak die gehuurde goedere uit. Kontoleer alle items teen jou bestelling. Jy mag dalk die glase wil skoonmaak.
- Reël vir die uitleg van die plek volgens jou planne vir die funksie: herrangskik meubels in jou huis indien nodig – jou eetkamertafel het dalk byvoorbeeld verlengstukke nodig, of die meubels van 'n vertrek moet dalk na 'n ander vertrek geskuif word.
- Plaas die tafels en stoele reg in die eetkamer of waar julle ook al gaan eet – selfs buite, as die weer dit toelaat.
- Doen die blommerangskikkings.
- Maak die pleknaamkaartjies klaar.
- Dek die tafels, as dit binne is, met plekmatjies of tafeldoeke, servette, breekware, glase, blomme, kerse, smaakmiddels, asbakke en pleknaamkaartjies.
- Organiseer dienswaentjies, skinkborde, kombuisgereedskap, voorskote, vadoeke (maak seker daar is genoeg), snyplanke en -messe.
- Begin waar moontlik met die voorbereiding van geregte. Berei garnerings, was slaaigroentes en bêre in die yskas.
- Ontvries enige geregte of rou kos wat ontvries moet word.
- Sny, skil, maak toe en bêre die groentes in die yskas indien nodig.
- Maak nageregte indien moontlik.
- Gaan haal (of reël om te gaan afhaal) enige spesiale disse wat bestel is.
- Sien toe dat die grootste deel van die drankbestelling die oggend afgelewer word. Laat drank soos bier koud word as daar spasie in die yskas is; anders moet genoeg ys bestel word vir die volgende dag.
- Indien die drank nie reeds koud is nie, reël vir ys, ensovoorts, om vroeg die volgende dag afgelewer te word.
- Kry die gelde vir jou assistente en kunstenaars gereed.
- Maak die huis netjies en finaliseer die sitplekplan.
- Poleer die oorblywende koper en silwer.
- Hang die muurversierings indien van toepassing.

Oorsiglys 16:
DINGE WAT NET OP DIE DAG VAN DIE ONTHAAL GEDOEN KAN WORD

- Dek tafels wat buite is. As dit 'n groot onthaal is, maak seker jy het hulp.
- Maak die dansarea en/of die area waar kunstenaars gaan optree gereed.
- Aflewering van drank: vra die drankwinkel om koue bier en wyn af te lewer. Maak seker, in die somer, dat genoeg ys (groot en klein blokkies) afgelewer word.
- Gaan voort om die kos voor te berei volgens jou spyskaart:
  - As spasie in die yskas beskikbaar is, maak slaai (behalwe dié wat slaaiblare bevat) tot net voor die slaaisous oorgegooi moet word.
  - Die meeste groentes kan 'n paar uur voor die tyd voorberei word sonder dat hulle iets oorkom. Maak dit slegs later weer warm in 'n mikrogolfoond of 'n kastrol.
  - Pak die tee/koffietafel uit, die warmwaterkooktenks, koppies, pierings, teelepels, melkbekers en suikerpotte.
- Organiseer die assistente met 'n skedule van hulle pligte:
  - Gee spesifieke pligte aan elkeen, byvoorbeeld die kroeg, opwas, kosvoorbereiding, bediening, omsien na gaste se drankbestellings, ensovoorts.
  - Verduidelik presies wat jy gedoen wil hê en hoe dit gedoen moet word.
- Pak die kroeg uit:
  - Verkoel drank waar nodig.
  - Maak pons en berei die drankgarnerings voor, soos kruisementtakkies of suurlemoenskywe.
  - Haal wyne se krukproppe uit en gooi wyn, sap of water in bekers, kraffies en ander houers.
  - Maak ysemmers vol ys.
- Pak verversings uit.
- Maak seker die badkamers, kleedkamers en slaapkamers is netjies.
- Finaliseer sitplekplanne en plaas die pleknaamkaartjies op hulle plekke.
- Maak skoon en vee uit, indien nodig, by die voordeur en die voorhekkie.
- Kry blompotte gereed vir blomme as geskenke.

HOOFSTUK 6

Voorkom en Hanteer Glipse

Dinge het mos 'n manier om verkeerd te loop op die dag van die onthaal, want dis wanneer 'n mens nie tyd het om probleme reg te stel nie. Onthou egter dat, tensy 'n werklike groot ramp jou tref, jou gaste salig onbewus sal wees van enige probleme – dit is natuurlik as jy hulle nie vertel nie. Probeer dus om nie paniekerig te raak nie en dink aan alternatiewe.

VOORSORG IS BETER AS NASORG

Laat genoeg tyd toe

Jou grootste verweer teen glipse is om jouself genoeg tyd toe te laat vir al die dinge wat gedoen moet word. As alles vir die laaste nippertjie gelaat word, sal jy net senuweeagtig word en as gevolg van oorhaastigheid mag jy byvoorbeeld te veel sout in die sop gooi, of die gelatien uit 'n mousse laat, of vergeet om die braaiboud in die oond te sit.

Moenie eksperimenteer nie

Dis nie 'n goeie idee om op jou gaste te eksperimenteer nie, tensy hulle familie van jou is. Los liewers eksperimentering vir geleenthede waar jy meer op jou gemak kan wees en bly by wat jy goed ken.

Antisipeer vertragings

Behalwe die lang lys van dinge wat voor die funksie nog gedoen moet word, sal daar ook onderbrekings wees en dinge wat jou aandag aftrek wat jou tyd in beslag sal neem. Antisipeer altyd sulke onvoorsiene gebeure – dis die dinge wat jou van balans af gooi. 'n Telefoonantwoordmasjien, byvoorbeeld, is 'n goeie manier om ontydige oproepe te voorkom.

Skryf alles neer

Jou spyskaartplan het sy eie ingeboude skedulering. As jy dit gebruik en konstant by jou hou voor 'n onthaal, sal jy vele probleme wat kan opduik weens gebrek aan organisasie, voorkom. Die geheim is om dit dikwels daarna te raadpleeg – moenie daarvan vergeet sodra die inisiële beplanning gedoen is nie! Kyk elke aand voor jy gaan slaap daarna in die laaste paar dae voor 'n onthaal om jou geestelik voor te berei vir die volgende dag se aktiwiteite.

Gaan jou kombuistoebehore na

As jy byvoorbeeld vermoed jou elektriese klitser werk nie meer ordentlik nie, laat dit en enige ander toebehore regmaak of vervang hulle – hierdie items is geneig om te breek net wanneer jy hulle die nodigste het.

Moenie die elektrisiteitstroombaan oorlaai nie

As jy 'n dubbeloond, vier stoofplate, 'n warmskinkbord, ketel, voedselprosesseerder en verskeie verwarmers gelyktydig aan het, kan jou elektrisiteit uitskop en dit mag 'n tydjie neem voor dit weer aangeskakel word. Versprei jou kookwerk om dit te voorkom.

Bystandkos om in jou huis te he

As 'n gereg nie uitkom soos dit moet nie, sal jy jouself baie benoudheid spaar deur seker te maak daar is altyd 'n voorraad van sekere voedselsoorte in jou yskas, spens of kombuiskas en vrieskas. Oorsiglys 18 gee 'n paar voorstelle.

Oorsiglys 17: Noodsaaklike voorsorgmaatreels

- Hou 'n spaarsleutel van die huis by jou bure en een vir die motor in jou handsak.
- Weet waar die water- en elektrisiteithoofskakelaars is.
- Hou 'n brandblusser in jou huis en weet hoe om dit te gebruik.
- Hou die besigheids- en na-uurse telefoonnommers van 'n loodgieter en elektrisiën byderhand.
- Hou 'n lys van nooddienstelefoonnommers byderhand:
  jou dokter
  ambulans of hospitaal
  die polisie
  die brandweer.
- Oefen die Heimlich Maneuver (om 'n gas wat verstik te help): Sit jou arms van agter af om die persoon, met die duimkant van jou vuis teen sy maag, tussen naeltjie en die ribbekas. Hou nou jou vuis vas met jou ander hand en ruk vier keer vinnig opwaarts. Herhaal indien nodig.
- Weet waar om noodvoorrade te koop: leer al die winkels in jou area ken in terme van noodvoorrade, asook wanneer hulle oop is.

HANTERING VAN PROBLEME

Van tyd tot tyd word selfs die mees ervare en versigtige kok met probleme in die kombuis gekonfronteer. Hierdie afdeling bespreek 'n paar sulke ongelukke en hoe om dit reg te maak.

HUISHOUDELIKE ONGELUKKE

Elektrisiteitsonderbreking

As jy nie alternatiewe kookfasiliteite het nie, soos 'n gasstofie of 'n braaier, is die keuses om die onthaal te kanselleer, borde koue bystandkos aan te bied, wegneemkos te bestel of die gaste uit te neem vir ete.

As jy 'n klein gasstofie het, kan die situasie gered word: gebruik aparte potte en kook of maak elke dis warm en draai elke pot dan toe in 'n handdoek waarom nog 'n baadjie of 'n kombers gedraai is, bakoondstyl, om die hitte te behou terwyl die volgende pot gekook word. Dit sal nie elegant lyk nie, maar ten minste sal julle kan eet.

Maak seker daar is altyd 'n flits en 'n voorraad kerse in die huis. Selfs 'n noodgeval soos hierdie kan prettig wees by kerslig.

'n Vuur in die kombuis

As 'n pot of pan olie aan die brand slaan, moet nooit probeer om die pot te skuif of om dit onder water te kry nie. Plaas dadelik 'n groot deksel of pot bo-oor die brandende pot. Dit sal die vlamme smoor.

Vuur in die oond

⋆ Skakel dadelik die muurskakelaar af.
⋆ Slaan die vuur uit met 'n paar droë vadoeke, of
⋆ Hou die oonddeur toe en laat die vuur self uitbrand weens 'n tekort aan suurstof.

Vrieskasontvriesing

Dit kan gebeur as gevolg van 'n elektrisiteitsonderbreking of as iemand per ongeluk die deur oopgelos het. Som die situasie op:

⋆ As die kos heeltemal ontvries het, kamertemperatuur is of sleg begin ruik, het jy geen keuse as om alles weg te gooi nie.
⋆ As sommige items steeds gevries is of net gedeeltelik ontvries het teen die tyd dat die elektrisiteit herstel is, sal die kos steeds heeltemal eetbaar wees en jy kan dit herbevries. Dit is egter verkieslik dat dit so gou as moontlik geëet word.
⋆ Neem die ontvriesde, maar steeds koue items uit die vrieskas, hou hulle in die yskas en kook dit so gou as moontlik.

Oorsiglys 18: BYSTANDSKRUIDENIERSWARE

Spens
Aartappels
Aftrekselblokkies
Asyn
Bakpoeier
Beskuitjies, sout
Beskuitjies, tee
Blatjang
Gelatien
Groente, ingelê
Heuning
Jelliepoeier
Kakao
Kerriepoeier
Koeksoda
Koffie
Kondensmelk
Konfyte
Kruie en speserye
Maizena
Maraschino-kersies
Marmite
Meel
Olie
Pasta
Rys
Sap (aanmaak, Liquifruit)
Skyfies (aartappel-, ens)
Soppe, ingelê:
Tamatie
Souse:
Brandrissie
Soja
Souspoeier
Suurlemoensap
Tamatiepasta
Tee
Uie
Vanieljegeursel
Versiersuiker
Vis, ingelegde:
Ansjovis
Salm
Tuna
Vrugte, gedroog
Vrugte, ingelê
Vrugte, vars

Yskas
Agurkies
Botter
Eiers
Groente in seisoen
Ham en ander koue vleise
Jogurt
Kappertjiesade
Kase
Knoffel in olie
Korsdeeg, soet
Margarien
Mayonnaise
Melk
Mosterd
Olywe
Room
Room, suur
Slaaibestanddele:
Blaarslaai
Groenpeper
Komkommer
Radyse
Tamaties
Slaaisous
Souse:
Kruisement
Peperwortel
Rooibosbessie

Vrieskas
Beskuitjies
Bessies, heel
Brood, gesny
Broodrolletjies
Groente, gevries
Hoender, heel
Hoenderborsies, ontbeen
Kaas, gerasper
Kasserolgeregte
Korsdeeg, soet
Madeira sponskoek
Melk in sakkies
Neute
Room
Roomys
Sjokolade
Sonneblomsade
Sop
Souse, oorskiet
Spek
Vleis, rou:
Biefstuk
Braaiboud
Sosaties
Tjops
Worsies
Vleisaftreksel
Vrugtepurees

As jy gou genoeg agterkom die vrieskas is stukkend en die inhoud is steeds gevries, en daar is geen moontlikheid dat die vrieskas onmiddellik herstel of vervang kan word nie, moet alternatiewe reëlings getref word:

* Hou intussen die vrieskasdeur toe.
* Vra vriende of die plaaslike slaghuis of hulle die goedere tydelik kan berg.
* Wanneer reëlings getref is, kan die kos uit die vrieskas gehaal word en met komberse geïnsuleer word terwyl dit vervoer word.

Solank die voedsel nog gevries is, is daar geen rede tot paniek nie: daar is genoeg tyd om ander reëlings te tref – onthou hoe lank dit neem om 'n braaiboud ontvries te kry.

KOOKONGELUKKE EN HOE OM DIT REG TE MAAK

	DIE PROBLEEM	DIE OPLOSSING
	Die hoofgereg word laat val voor die gaste en dis net kos en skerwe waar mens kyk	* *Moenie paniekerig word nie. Vra die gaste om verskoning, gee hulle nog 'n glas wyn en, saam met enige hulp wat jy het, ruim die gemors op so goed as moontlik.* * *Maak iets vinnigs, soos roereiers of geroosterde kaastoebroodjies wat saam met die meeste groente sal gaan, of gaan voort sonder 'n hoofgereg.* * *Om 'n kasserolgereg in die mikrogolfoond te ontvries is 'n oplossing, maar slegs vir 'n paar gaste. Die hoeveelheid nodig vir 10-12 mense sal te lank neem om te ontvries en jou gaste sal rusteloos raak (of aangeklam).*
	Die voorbereide dis ruik vreemd suur	* *Dit beteken jy het dit te lank laat staan en dit het begin gis. Moet nooit enige kanse waag met kos nie. As jy onseker is, gooi weg.* * *Begin van voor af deur gebruik te maak van jou bystandskos of jaag na jou naaste delikatessewinkel.* * *As 'n laaste uitweg, bel 'n restaurant wat naby is en vra of hulle aan jou iets sal verkoop wat saam met die ander kos sal gaan wat jy reeds voorberei het.*
SOPPE	Sop te sout	* *Voeg melk of room by en proe weer.* * *As dit nog steeds te sout is, skil en sny een of twee aartappels, laat saggies in die sop kook vir 10-15 minute en haal hulle dan uit. Maak die sop dikker indien nodig.*
	Sop te vetterig	* *As daar genoeg tyd is, laat die sop heeltemal afkoel waarna die laag olie of botter maklik afgeskep kan word.* * *Trek velle papierhanddoeke liggies oor die oppervlakte van die warm sop: die vet sal aan die papier klou.*
	Die sop is nie smaakvol genoeg nie	* *Voeg knoffel of selderysout by 'n romerige sop.* * *Voeg 'n knippie kerriepoeier en 'n bietjie Worcestershiresous by 'n sop met 'n vleisbasis.* * *Voeg 'n blokkie hoenderaftreksel of tamatiepuree by 'n groentesop.*
	Die sop lyk oninteressant	* *Garneer interessant:* *– blokkies avokado of groente julienne by 'n vleisconsommé.* *– gekapte pietersielie of grasuie.* *– 'n spiraal room, jogurt of 'n strooisel paprika op romerige soppe.*

SOUSE	Klonte vorm terwyl jy witsous maak	★ *Klop die sous vinnig.* ★ *As bogenoemde nie werk nie, sif dit of gooi in die versapper vir 'n paar sekondes.*
	Sous is te dik	★ *Klop ekstra vloeistof in, maar kontroleer die smaakmiddels na die tyd.*
	Sous te dun	★ *Laat die sous nog 'n rukkie kook sodat van die vloeistof wegkook. Voeg 1 gelykvol teelepel mielieblom (Maizena), opgelos in 2-3 eetlepels water of aftreksel, per 150 ml sous; roer tot dikker.* ★ *Klits 'n eiergeel in 'n bietjie melk, room of aftreksel. Klop in die sous in totdat dit dikker geword het.*
	Warm sous met eier in (bv Hollandaise) skif	★ *Klop baie hard terwyl jy meer koue botter of koue room byvoeg; of* ★ *Versap saam met twee vars eiergele en laat dit weer stadig warm word totdat dit dik word; roer heeltyd.*
	Mayonnaise skei wanneer dit gemeng word	★ *Gooi 'n vars eiergeel in 'n skoon bak en klop die dikgeworde mayonnaise stadig daarin.*
	Roomsous (bv bief stroganoff) skei tydens herverwarming	★ *Dit gebeur wanneer 'n roomsous te vinnig herverwarm word en nie geroer word nie.* ★ *Gooi soveel as moontlik van die sous uit in die beker van die versapper en skakel vir 'n paar sekondes aan. Herverwarm die sous in 'n pan met 'n bietjie opgeloste Maizena om die mengsel te stabiliseer. Voeg die vleis of hoender waarvan die sous afgegooi is by en herverwarm die hele dis soos gewoonlik.*
	Die soufflé sak in of rys nie	★ *Verander die naam: noem dit frittata – wat 'n baie soortgelyke dis is.*
VIS	Vis oorkook en effens droog	★ *Voeg ekstra botter by die sous om die droë tekstuur teen te werk.*
	Visfilette breek nadat dit gekook is	★ *Plaas die filette in 'n kasserolpot met botter gesmeer; gooi 'n sous (tamatie of witmosterdsous, ens) daaroor, gooi kaas op en rooster tot dit bruin is en die kaas borrel; of* ★ *Laat die gekookte filette afkoel en maak later viskoekies of ingelegte vis.*
GROENTES	Wortelgroentes is oorkook	★ *Dreineer groentes soos wortels, ertjies of pampoen, puree hulle en gooi terug in die pot sodat die oortollige vloeistof kan wegkook. Bedien met 'n klontjie botter.*
	Groenbone is oorkook	★ *Sny die bone in klein stukkies en voeg hulle by 'n tamatie- of uiesous; of* ★ *Laat hulle afkoel en maak later sop daarvan.*
VERBRANDE KOS	Sous of sop	★ *Proe baie krities. As die smaak onaangetas is, gooi die vloeistof in 'n skoon pan of kastrol sonder om in die verbrande pan of kastrol te roer of uit te krap.* *'n Bietjie ekstra geursel, kruie (of suiker as dit 'n soet sous is) sal die gebrande smaak verdoesel.*
	Gebraaide vleis	★ *As dit 'n groot stuk is, kan jy probeer om dit te red deur van die gebrande dele af te sny en die res dan baie dun te sny en op te dien met 'n ander sous of sous wat in 'n ander kastrol gemaak is.* ★ *Moenie die verbrande skraapsels uit die kastrol gebruik vir die sous nie, want dan sal die sous ook verbrand smaak.*

	Pasteikorsdisse wat effens aan die rand gebrand het	★ *Neem 'n rasper en vryf die fyn kant liggies oor die gebrande deel totdat dit af is.* *Bestrooi soetkors met versiersuiker om die area weg te steek.* *Borsel 'n souttert met 'n bietjie geklopte eiergeel en plaas weer in die oond vir 'n paar minute langer om dit te laat blink.*
KOEK	Die koek breek as dit uit die koekpan gehaal word	★ *Probeer om die stukke vas te plak met aangemaakte versiersuiker of geklitste vars room en bedek dan die hele koek met dieselfde vulsel; of* ★ *Hou die stukke en gebruik hulle in 'n koekstruif.*
	Vrugtekoek is te droog	★ *Sny die koek in bedieningsporsies, besprinkel met brandewyn, draai toe in foelie en stoom hulle om klein poedings te maak.*
	Die koek sak in die middel in	★ *Sny die middel uit en gebruik die dop as 'n basis vir randkoek wat jy met vrugte kan vul; of* ★ *Sny die boonste helfte af en gebruik die onderste helfte as die basis vir gebakte Alaska-koek.*
	Die koek is 'n bietjie te donker	★ *Sny die boonste, onderste en kantkorsies baie versigtig af. Smeer warmgemaakte, gladde appelkooskonfyt oor die res van die oppervlak (die koek sal krummelrig wees). Dit sal jou in staat stel om die koek verder normaal te versier.*
POEDINGS EN NAGEREG	Eiervla skif in die pan	★ *Gooi die geskifte mengsel in die versapper saam met nog twee rou eiers en klits totdat dit weer glad is. Sit die vla weer op 'n lae hitte en roer totdat dit dik is.*
	Eiervla word roereiers	★ *Ongelukkig is al wat jy kan doen om maar weer van voor af te begin!*
	'n Crème karamel het geskei of geskif in die oond	★ *Haal uit die oond en behandel soos die vla hierbo, maar voeg nog omtrent drie eiers by 'n viereierresep. Gooi die mengsel in 'n skoon bak. Plaas hierdie bak in 'n groot kastrol en gooi kookwater in die pan totdat die bak omtrent halfpad in die water staan. Plaas terug in die oond by 160° C vir 30-60 minute. Hou die vla dop deur die geslote deur en moet dit nie laat kook nie – dit moet net liggies op die oppervlak beweeg met 'n borrel of twee teen die rand van die bak om aan te dui dit kook.*
	Nadat die crème karamel in die yskas was, het dit nog steeds nie gestol nie of is dit te sag	★ *Haal dit uit die yskas en behandel soos wanneer vla geskif het; of* ★ *Gebruik die geklitste mengsel as 'n vla; of* ★ *Vou versoete, geklitste room in die mengsel in en vries dit. Gebruik as 'n roomys.*
	Die suikerkors van die crème brûlée raak aan die brand onder die rooster	★ *Laat die verbrande suikerkors hard word.* – *Lig al die gebrande dele versigtig af en skraap die oorblywende suiker versigtig af met 'n lepel.* – *Maak 'n nuwe hoeveelheid karamel en begin by die kante en werk binnetoe, gooi dit versigtig oor die koue, gesette vla.* – *Wenk: Om die dele waar die karamel nie mooi tot by die rand van die bak gesmeer is nie, netjies te maak, maak nog karamel. Gooi dit op silikoonpapier, laat dit koud en hard word en druk dit dan fyn. Sprinkel die karamelskywe oral om die binneste kant van die bak. Dit sal 'n bietjie lyk soos glinsterende, goue sneeuvlokkies op 'n*

	blink, goue oppervlak.
Die crème karamel set nie of is te sag om uit die bak te gly	★ *Klits dit in die versapper en gebruik as vla saam met meringues, vrugteslaaie of gestoomde poedings; of* ★ *Maak 'n karamelroomys deur versoete room in te vou en dit te vries.*
'n Crème karamel wat uit die vorm gehaal is, begin skeur langs die kante.	*Moenie 'n crème karamel uit die vorm haal tot net voor bediening nie. As dit begin skeur, verdoesel dit deur geklitste room in 'n aantreklike patroon daaroor te smeer.*
Suurlemoenmousse skei	★ *Los gelatine op volgens die vervaardigersinstruksies oor hoe om hoeveelhede vloeistowwe te laat set. Versap die mousse.* *– Voeg gelatien by – maak seker dis min of meer dieselfde temperatuur as die mousse deur 'n bietjie van die moussemengsel by die gelatien te voeg.* *– Skink die mengsel in 'n vorm en laat dit set. Dit sal dan 'n suurlemoen-bavaroise genoem word.* ★ *Alternatiewelik, voeg meer versoete room by en maak 'n suurlemoenroomys daarvan.*
Daar is te veel gelatien in die koffiemousse	★ *Gooi die mousse in die versapper en prosesseer dit. Voeg 100 ml koffielikeur by en gooi die mengsel in lang glase. Verkoel.* *Net voor bediening, voeg 'n bietjie geklitste room bo-op en sprinkel gerasperde sjokolade bo-oor. Bedien met 'n strooitjie of 'n lepel, afhangende van hoe dik dit is; of* ★ *Klop 'n karton room baie styf. Voeg twee teelepels kitskoffie, opgelos in 'n bietjie water, by. Vou die versapte koffiemousse in die mengsel in en vries dit.*

MOEILIKE SITUASIES MET GASTE

Onverwagse gaste

Daar is twee soorte onverwagse gaste: dié wat gou 'n drankie kom drink en bly vir ete – wat beteken hulle moet vir lief neem met wat hulle te ete kry; en dié wat op kort kennisgewing genooi word, maar jou man vertel jou eers 'n uur of twee voor die tyd daarvan. In albei gevalle moet kos vinnig voorberei word, maar die styl of aard van die etes sal verskil. In die eerste geval, waar die uitnodiging onbeplan was, kan jy informeel wees; maar in die tweede geval waar dit wel beplan was (hoewel nie deur jouself nie) en waar jy dalk met mense wat jy self nie ken nie moet omgaan, kan jy nie bekostig om so ontspanne te wees nie. Die ete sal dus effens meer gestruktureerd moet wees.

Hoe om verleentheid te voorkom

Om voorbereid te wees vir noodgevalle soos hierdie, beteken jy moet 'n voorraad essensiële kos aanhou (soos aangedui in Oorsiglys 18) en vinnige etes met hierdie bystandvoedsel kan voorberei.

Wat om te doen

Die voorstelle hieronder is gebaseer op die eenvoudige bestanddele wat jy gewoonlik sal hê. Natuurlik kan baie meer bygevoeg word, maar dit hang af van wat jy in voorraad het.

Warm etes wat net minute neem om voor te berei

Roereiers of omelette

Gemaak met twee of drie eiers per persoon en bedien met 'n kaas-, ham- of ander vulsel, en voorgesit saam met pangebraaide aartappels en 'n slaai, maak 'n vullende maaltyd.

Pitabrood en pannekoeke

Dit neem slegs minute om warm te maak of te maak en kan gevul word met ingelegde vis, oorskietgroente of vleis, sampioene of gerasperde kaas, en bedien word saam met slaai.

Oop, geroosterde kaastoebroodjies

Snye gebotterde brood met lae uie, tamatie, ham, snye pynappel en kaas en dan gerooster, maak 'n goeie ete met die minimum moeite.

Sop

Dis 'n wonderlike bystandkos as daar nie veel meer as net brood en botter in die huis is nie. Gebruik 'n goeie kwaliteit blikkiesop waarby jy melk, room, en 'n bietjie sjerrie kan voeg, of 'n bietjie Parmesankaas.

Kort kennisgewing-spyskaartvoorstelle

Die voorgereg

Spanspek saam met gerookte bief is vinnig; so ook is pomelohelftes óf verkoel en gegarneer met 'n takkie kruisement, óf gesprinkel met gemmer en bruinsuiker en gerooster. Vispatees (tuna, salm, sardiens, ensovoorts) kan vinnig gemaak word. Garneer hulle mooi met suurlemoen en bedien met roosterbrood.

Die hoofgereg

Kyk eers in die vrieskas of daar iets geskiks is, byvoorbeeld 'n goeie sous wat jy by 'n tagliatelle of spaghetti kan voeg.

'n Bredie of kerrie en rys, 'n macaroni of lasagne sal alles moontlik wees as jy genoeg tyd het om dit te ontvries en gaar te maak.

Enigiets gebraai of gerooster is vinnig. Oorweeg hoenderborsies, varkvleis of visfilette, biefstuk, snye gerookte ham, worsies, frikkadelle of tjops.

Berei jou groentes voor, kook dit en hou dit warm soos beskryf by "Kos wat moet staan" (hoofstuk 5) terwyl jy jou vleis of wat jy ook al gekies het, gaarmaak.

'n Slaai is gewoonlik vinnig en maklik om te maak. Maak dit meer substansieel deur olywe, ansjovis, repies ham en blokkies kaas by te voeg. As jy die kaas uit die slaai laat en dit liewers as deel van 'n kaasbord saam met brood bedien, sal jy 'n somersete hê wat enige gaste sal geniet.

Nageregte

Roomys is een van die maklikste en mees ekonomiese nageregte. Bedien dit in individuele bakkies versier met wat jy ook al byderhand het: gekapte neute; 'n wafelkoekie; 'n lepel vol sjokoladepoeier en 'n beskuitjie; 'n druiwekorrel of 'n kersie en 'n takkie kruisement; 'n verskeidenheid gekoopte souse soos karamel, sjokolade of aarbei. Versap saam met 'n sopie of twee whisky en 'n bietjie suiker maak 'n Dom Pedro.

Vrugte is gewild by die meeste mense. Bedien dit gestowe of vars as 'n slaai met room, jogurt, gekoopte vla of roomys. Bedien heel vrugte in bakkies of 'n mandjie slegs as hulle sonder vlekke of kneusplekke is.

Kitspoedings, veral sjokolade, vanilla en botterkaramel is baie bruikbaar en hoef nie net vir kinders te wees nie. Voorgesit in 'n glasbakkie met 'n laag lig geklopte room soos met koekstruif, is verrassend lekker en neem slegs vyf minute om voor te berei. Teen die tyd dat die room geklop is, het die poeding reeds geset.

Geriefkos

Supermarkte en delikatessewinkels

Dit mag soms gebeur dat jy met 'n skok besef dat jy omtrent dieselfde tyd as jou gaste by die huis gaan aankom.

In so 'n geval is 'n vinnige besoek aan die beste supermark in jou area dalk die oplossing. Daar sal jy alles vind: brode, patees, soppe, slaaie, gerookte vis en hamme; geskilde en gesnyde groente; klaargaar vleis-, vis- of hoendergeregte; heerlike nageregte, koek ... al wat jy nodig het om te doen, is om jou aankope uit te pak en die finale instruksies te volg.

Wegneemkoswinkels

As die wegneemwinkel in jou area baie goed is, is daar geen rede om nie jou hoofmaal daar te kry nie. Plaas die kos net in 'n bak en maak weer warm. Rys of gekookte aartappels met botter kan tuis gemaak word, so ook is slaai of gevriesde groente vinnig en maklik om te maak en niemand sal enige fout kan vind nie.

Baie Italiaanse restaurante het 'n wegneemafdeling wat beteken jy kan hulle bel en vra om 'n gereg van jou keuse voor te berei vir die aantal gaste wat jy verwag. Hulle mag selfs die kos in jou eie opskepbakke voorberei as jy dit voor die tyd daar aflewer. Al wat jy moet doen is om die kos te gaan afhaal, op te warm en dit voor te sit saam met slaai en dalk brood om die maal aan te vul.

Ongenooide gaste

Ongenooide gaste is dikwels diegene wat gesê het hulle sou nie die onthaal kon bywoon toe hulle genooi is nie en wat baie bly is dat hulle dit toe wél kon maak, en opdaag sonder enige waarskuwing. Dit kan ook gebeur dat een van jou gaste sonder om jou te raadpleeg, besluit om iemand anders saam te bring – 'n huisgas of 'n vriend wat opgedaag het net voordat jou gas na jou onthaal wou vertrek. Of dink aan die geval van die Mormoon wat opgedaag het met nie één nie, maar drie vrouens!

Hoe om te voorkom dat jy onverhoeds betrap word

Jou beste voorsorg is om elke gas voor die tyd te skakel en, indien daar 'n gas met meer as een vrou is, diskreet te vra watter een van sy vroue saam met hom sal kom.

Maar aangesien onverwagse gaste heel moontlik een of ander tyd aan jou tafel mag verskyn, maak seker jy het altyd genoeg kos en spasie by die tafel (of tafels) om 'n ekstra gas of twee te kan akkommodeer. Daarom ook is dit 'n goeie idee om ekstra glase, eetgerei, breekware en linne byderhand te hê.

Wat om te doen

Moenie paniekerig raak nie en moenie 'n bohaai maak nie. Wanneer jy oor jou eerste skok is, stel die aankomelinge voor, gee hulle 'n drankie en glip ongesiens weg en gaan dek nog 'n plek of twee by die tafel (of as 'n spysenier of assistent byderhand is, gee hulle opdrag om dit te doen). Tref reëlings in die kombuis om 'n ekstra bord hors d'oevres of wat ook al nodig is, voor te berei.

As jy 'n maaltyd van, sê maar, individuele bief wellingtons voorberei het, maak seker dat jy of jou eggenoot daarsonder bly, en nie jou gaste nie. Onder geen omstandighede mag jy hulle ongemaklik laat voel nie.

Gaste wat laat kom

Dit is sekerlik een van die ergste lastighede waarmee enige gasvrou te doen kan kry, veral wanneer mense wat niks daarvan dink om twee en 'n halfuur laat op te daag nie, onthaal word.

Ongelukkig is daar niks wat jy kan doen nie. As jy gaste nooi wat gewoond is om die aand baie laat te begin, sal jy jou eie senuwees waarskynlik spaar deur hulle vir, sê maar, agtuur te nooi en die ete tussen nege en nege dertig te laat begin. Maar dis jou besluit – en dis nog steeds nie 'n waarborg dat laatkommers betyds sal opdaag nie!

As jy vermoed daar sal laatkommers wees, of as dit 'n groot onthaal is, maak seker die kos wat jy voorsit kan warm gehou of opgewarm word, of, alternatiewelik, gekook word terwyl die eerste gereg geëet word.

Of 'n mens moet wag vir laatkommers of nie, is 'n moeilike kwessie. Dit hang in 'n mate af van jou gaste se verwagtinge, en van hoe belangrik hulle is; ook van die aantal laatkommers. Jy kan natuurlik nie begin eet as jou eregaste of ander belangrike persone nog nie opgedaag het nie.

As jou eregaste opgedaag het en daar is nog 'n paar gaste wat nog nie opgedaag het nie, vertrou jou instinkte: as jou gaste ongemaklik begin voel of dikwels na hulle horlosies begin kyk, moet jy weet dis tyd om te begin eet, al is dit altyd 'n bietjie ongemaklik vir gaste met leë plekke langs hulle. Wanneer die gaste wat laat is, eers opgedaag het, kan hulle begin by die gang wat op daardie tydstip geëet word.

HOOFSTUK 7

Hou Rekord

As jy gereeld onthaal, is dit nuttig om 'n rekord te hou van elke geleentheid.

LIASSERING

REKORDVORMS 1 EN 2

Die vorms op hierdie bladsye, wanneer ingevul, sal jou van 'n skat van kennis voorsien. Maak jou eie kopieë van elke vorm vir elke onthaal en vul hulle so gou as moontlik na die geleentheid in terwyl jou geheue nog vars is. Behalwe om aan te dui wat die aard van die onthaal was (byvoorbeeld 'n dinee of 'n skemerkelkonthaal), waar dit was en wanneer, sal hulle jou ook sê:

★ Wat jy aangehad het, ook watter skoene, juwele en bybehore jy gedra het.

★ Die name van jou gaste en hul telefoonnommers.

★ Enige spesifieke dieëtkonsiderasies, byvoorbeeld of enige van jou gaste vegetariërs was, voedselallergieë of 'n spesiale voorkeur gehad het (byvoorbeeld, een van die gaste het nie van lam gehou nie, 'n ander was mal oor pavlova).

★ Watter wyne voorgesit was, insluitend spesiale skemerkelkies voor die tyd, en of konjak of Ierse koffies later voorgesit is.

★ Watter soort blommerangskikkings daar was en watter tafeltoerusting jy gehad het (byvoorbeeld "Ingangsportaal: tulpe; Sitkamer: krisante; Tafel: affodille en irisse, met geel servette en kerse").

★ Die sitplekplan wat jou sal help onthou wie langs wie gesit het, en belangriker, of dit 'n goeie reëling was.

★ Enige blomme, sjokolade of klein geskenkies wat gaste aan jou gegee het. Onthou om hulle die volgende dag telefonies te bedank; as dit 'n groot geskenk was, skryf of bel in elk geval.

★ Daar sal spesiale onkostes wees wanneer toerusting, kelners en spyseniers gehuur word. Dit mag belangrik wees om hierdie fakture te hou as jy op 'n besigheidsbegroting onthaal en later wil eis. Hulle sal in elk geval bruikbaar wees as verwysing wanneer jy vir verdere soortgelyke onthale begroot.

★ Notas oor die spysenierings (of opvolgnotas) waar jy byvoorbeeld die volgende sal opteken: borde vir die hoofgereg nie warm genoeg nie – filet te gaar – nie genoeg pampoen nie – sous te dik – profiterôles onprakties as nagereg, want gaste kon nie behoorlik vir hulself opskep nie – ensovoorts.

REKORDVORM 1

SOORT ONTHAAL:

DATUM

PLEK

TYD

GASVROU EN UITRUSTING

GASTE: TOTAAL

TELEFOONNOMMER

WYNE EN ANDER DRANK

BLOMME EN TAFELTOERUSTING

DIEETVOORSKRIFTE, ALLERGIEË OF SPESIALE VOORSKRIFTE

REKORDVORM 2

SITPLEKPLAN

SPESIALE ONKOSTES

SPYSENIERING OF OPVOLGNOTAS

GESKENKE/BLOMME AAN GASVROU

NAAM	BESKRYWING

KELNERS/KOMBUISHULP

★ Die assistente wat jy gehuur het. Deur hulle name (en telefoonnommers) te hou, sal jy kan terugverwys na watter tipe onthaal hulle kan hanteer en hoe om hulle te kontak. Jy kan ook aanteken of die hulp genoeg was en of daar meer mense kon wees om te help.

KLEIN ONTHALE

Heg die voltooide rekordvorms I en II aan jou spyskaart en werkplan sodat jy weet watter kos jy voorgesit het by watter spesifieke geleentheid. Liasseer jou spyskaartplanne, 'n lêer per jaar, in die volgorde waarin die onthale plaasgevind het – dit help nie om dit alfabeties te liasseer nie weens die probleem om te besluit onder watter titel dit geliasseer moet word.

GROOT ONTHALE

As dit 'n baie groot onthaal was, maak 'n aparte lêer daarvoor. Merk en dateer dit ooreenkomstig. Hierdie werklêer sal ook jou rekord wees van daardie funksie. Belê in 'n stel plastiese of kaartverdelers. Jy kan alle inkomende dokumentasie soos volg organiseer:

A
Akkommodasie
B
Bedankingsbriewe ontvang
Begroting
Blomme/bloemiste
C
D
Drankwinkels
Drukwerk
E
F
Fotograaf
Fakture (alg)
G
Gastelys
Groete- en verjaarsdagkaarte
H
Hotelbesprekings
I
J
K
Kelners
Koeke
Korrespondensie (alg)
Kos
Kroegmans
Kwitansies (alg)
L
M
Motorhuur
N
O
Oorsiglyste
Organisasieopdragte
Orkes
P
Pleknaamkaarte
Programme
Q
R
RSVP's (geskrewe)
S
Sambrele
Sitplekplanne
Sjokolade
Spyskaarte (handgeskrewe)
T
Tafelplanne
U
Uitnodigings
V
Verhuringsmaatskappy
Vermaak
Versierings
Vervoer
Verwelkomingsnotas
W
Wynlyste

GEREKENARISEERDE LIASSERING

As jy gelukkig is en jou eie persoonlike rekenaar by die huis het, kan die meeste vàn die inligting op disket geliasseer word. Dit maak kruisverwysings ook baie makliker.

FOTO'S

Wanneer moontlik, neem foto's voor en tydens 'n funksie. Dit is nie net 'n rekord van aangename herinneringe nie – hulle gee 'n geweldige hoeveelheid inligting oor die gaste wat teenwoordig is, die plasing van tafels, dekor, tafeldek, middelstukke, blommerangskikkings, ensovoorts.

ONTHAALINLIGTING EN VERSKAFFERSNOTABOEK

Laastens is dit 'n goeie idee om 'n alfabetiese notaboek te hê waarin alle inligting oor verskaffers en ander algemene inligting wat jy gereeld gebruik, gehou word. Maak alle aantekeninge in potlood sodat veranderinge maklik aangebring kan word. As julle na 'n ander stad toe trek, maak 'n nuwe notaboek.

DEEL TWEE

Verskeie Soorte Onthale

HOOFSTUK 8

Ontbyt en Laatontbyte

Ontbyt is 'n wonderlike manier van onthaal weens die aanpasbaarheid daarvan. Dit kan klein of groot wees, informeel of elegant, binne of buite – wat jou ook al die beste pas. Met verbeelding en aandag aan detail kan jy hierdie maal van iets gewoons na iets spesiaals verander wat jou gaste met plesier sal onthou.

Een van die nadele van onbyte is dat kos deurentyd voorgesit moet word en dit moet dikwels net voor bediening voorberei word – wat beteken dat, tensy die gasvrou versigtig beplan en, belangrikste, hulp kry, sy die meeste van die tyd in die kombuis gaan deurbring.

Beplan dus jou maaltyd tot in die laaste detail en dek die tafel die aand voor die tyd indien moontlik om voorbereidings die oggend makliker te maak.

Spasie en beskikbaarheid van hulp gaan deurslaggewende faktore wees in die besluit waar om die ontbyt te bedien en hoe uitgebreid jy dit gaan doen.

INFORMELE ONTBYTE

Die maklikste styl vir 'n informele ontbyt is in die vorm van 'n buffetete waar gaste hulself kan help aan vars vrugte op borde, jogurt, vrugtesappe, ontbytkosse en melk om mee te begin; gevolg deur eiers, tamaties en worsies bedien uit borde wat warm gehou word op warmskinkborde. Vir dié wat nog honger is, kan botterbroodjies, croissants, vars brood, botter en konfyte op die eetkamertafel geplaas word. Hou die tee en koffie gereed op 'n teetrollie of, as spasie dit toelaat, op die tafel self.

Die nadeel van 'n buffet is dat gaste ten minste een keer moet opstaan om kos te gaan opskep.

AANSITONTBYTE

Om 'n aansitontbyt suksesvol te kan aanbied, moet jou eetkamertafel groot genoeg wees sodat almal kan sit en nog steeds spasie laat vir al die voorafbereide kos. Die ideaal is om nog 'n teetrollie of 'n klein tafeltjie langsaan te hê waar die volgende gesit kan word: 'n elektriese braaipan aan 'n verlengingskoord; opskepborde; al die kombuisgereedskap nodig om die eiers – of wat ook al – aan tafel te bak. Terwyl die gaste hulle vrugte eet, wat voor die tyd by elke plek opgeskep is, kan jy voortgaan met die "hoofgereg" langs jou.

'n Assistent kan die vuil borde wegneem, skones voorsit en toesien dat daar genoeg koffie en tee vir almal is.

SJAMPANJEONTBYT

'n Sjampanjeontbyt kan 'n buffetete of 'n aansitete wees. Aangesien dit gewoonlik ter viering van iets is, laat alles feestelik lyk: gebruik jou mooiste linne en porselein, dek die tafel met jou beste eetgerei en bedien die kos uit jou elegantste opskepborde en -bakke.

Vul die vertrekke met houers vol vars blomme en ontvang jou gaste met 'n glas sjampanje of vonkelwyn. Glase met die helfte sjampanje en die helfte lemoensap kan ook bedien word. Gaste kan hulle glase saamneem tafel toe of nuut bedien word wanneer hulle aansit. Hulle kan sjampanje of sjampanje en lemoensap dwarsdeur die ete drink of later oorslaan na iets anders. Maak egter seker dat koffie, tee of vrugtesap deurentyd beskikbaar is, aangesien nie almal daarvan hou om vroegoggend alkohol te drink nie.

BESIGHEIDSONTBYTE

Die gerieflikheid van die besigheidsontbyt is dat dit vroeg begin, dit neem relatief min tyd in beslag en min of geen alkohol word bedien. Dit is 'n

toenemend gewilde manier van besigheidsonthale in 'n era waar tyd te kosbaar is om te mors op uiteet en terselfdertyd dien dit 'n redelik spesifieke doel.

'n Besigheidsontbyt is normaalweg 'n redelik formele aansitete, met 'n pleknaamkaartjie by elke sitplek. Die hoofvereiste vir die gasvrou is, soos altyd, gedetailleerde beplanning. As daar meer as agt gaste is, is dit raadsaam om hulp te hê, want al kan heelwat voor die tyd gedoen word, is daar baie dinge wat tydens die geleentheid gedoen moet word. Items moet van en na die tafel gedra word, roosterbrood moet gemaak word, eiers moet gebak word, koffie moet aangevul word: dis die dinge wat gehuurde hulp kan doen sodat die gasvrou met die gaste kan verkeer.

LAATONTBYTE

'n Laatontbyt, of "brunch", is soortgelyk aan 'n ontbyt in orkestrasie, maar soos die naam aandui, neem dit gewoonlik plaas tussen ontbyt- en middagetetyd. Die kos is dus effens meer substansieel en verwant aan die soort kos wat by 'n ligte noenmaal voorgesit sal word.

'n Laat ontbyt leen hom tot informeelheid en dit is 'n goeie geleentheid om vriende wat probleme met kinders het vir onthale in die aand te nooi sodat hulle die kinders kan saambring.

Die spyskaart moet bestaan uit beide ontbyt- en middagetedisse. Afhangende van die aantal gaste, die belangrikheid van die geleentheid en hoeveel hulp beskikbaar is, kan alles of enige van die volgende voorgesit word: eiers (alle vorms), spek, kippers, skelvis, worsies, gebraaide tamaties, pangebraaide aartappels, niertjies, tjops, biefstuk, ensovoorts. As jy uitspattig voel, kan gerookte salm ook bedien word. Bedien daarmee saam ook 'n verskeidenheid brode en rolletjies, botterbroodjies, plaatkoekies of pannekoeke, botter, kase, konfyte en heuning.

Hou die aantal braaipanne in gedagte wanneer jy jou ete beplan. Gaan ook jou fasiliteite om kos warm te hou na. Jy mag dalk 'n ekstra warmskinkbord van 'n vriendin moet leen. Tensy jy baie goeie hulp in die kombuis het, is dit raadsaam om jouself te beperk tot die warm kosse wat jy maklik kan hanteer sonder om te veel tyd weg van jou gaste te moet spandeer.

Alternatiewelik, hou 'n draagbare gasbraaier buite en kook daarop in die geselskap van jou gaste.

Bied genoeg koffie, tee, vrugtesappe of koeldranke aan om mee te begin. Jou gaste sal waarskynlik wyn of vonkelwyn saam met hulle kos geniet; maak dus seker daar is genoeg voorraad in jou kroeg.

ONTBYT- EN LAATONTBYTSPYSKAARTE

Informele ontbyt – buffetete vir 10

'n Verskeidenheid vrugtesappe
Vars vrugte op borde
Jogurt
Kitsgraankosse en melk

★

Roereiers met gekapte grasuie
Gebakte of gebraaide tamaties
Geroosterde worsies

★

Rosyntjiemuffins
Croissants
Tuisgebakte brode en botter
Ingelegde vrugte en heuning

★

Koffie en tee

Notas

Maak die roereiers soos gewoonlik, maar onderkook effens en gebruik meer botter as gewoonlik. Sit deksels op die opskepbakke en hou hulle warm op 'n warmskinkbord.

Aansitontbyt (nie-buffet) vir 8

Vrugtesap
Vooraf opgeskepte individuele vrugteslaaie

★

Gebakte eiers
Spek

★

Roosterbrood en botter
Warm broodrolletjies
Konfyte en heuning

★

Koffie of tee

Notas

Plaas die vrugtesap in bekers en die vrugteslaaie gereed op die tafel voor die gaste aansit.

Braai die eiers en spek in twee elektriese braaipanne op 'n tafel langs jou.

Sjampanje-ontbyt vir 12 (aansit met tafelbediening)

Buck's Fizz (vonkelwyn en lemoensap)
of
Koffie

★

Vars vrugtekebabs

★

Geposjeerde eiers op roosterbrood met geroosterde kaas en mayonnaise bo-oor
Gebakte tamatie met kruie
Gebraaide sampioene

★

Verskeidenheid vars brode, croissants, kase en konfyte

★

Koffie en tee

Notas

Nie al die gaste sal gelyk opdaag nie en dit is dus gerieflik om almal 'n glas vonkelwyn en lemoensap of koffie aan te bied terwyl hulle wag.

	Die geposjeerde eiers kan voorberei word tot net voor dit gerooster moet word, voor die gaste opdaag. Terwyl hulle die vrugtekebabs eet, kan die eiers onder die rooster ingeskuif word om dit bruin te braai en dwarsdeur warm te maak.
WERKSONTBYT VIR 10 (AANSIT MET TAFELBEDIENING)	Lemoensap of koffie Sjampanje (opsioneel) ★ Uitgeholde pynappelhalwes gevul met vrugteslaai ★ Eiers in brood-croustades met mosterdroom en kruie Gebakte tamaties ★ 'n Verskeidenheid vars brode Konfyte en heuning ★ Koffie of tee
Notas	*Bedien lemoensap of koffie soos die gaste aankom. Hulle kan weer bedien word in skoon glase en koppies wanneer hulle aansit.* *Vir die eierdis: pak 'n gesmeerde botterbroodjiepan vol snye brood wat aan albei kante gebotter is. Breek een eier per persoon in elke broodnessie. Skep een eetlepel room gegeur met mosterd bo-oor en bak teen 190° C vir 20 minute of totdat die eiers geset het en die room begin bruin word. Haal die croustades versigtig uit die botterbroodjiepan met 'n stomp mes.*
LAATONTBYT VIR 12 BUFFETETE	By aankoms: vrugtesap, koffie of tee Vonkelwyn met lemoensap of vonkelwyn Aarbeisjampanje of wyn ★ *Warm kos* Gestoomde aspersies met tuisgemaakte mayonnaise Roereiers, gegarneer met repies gerookte salm en gekapte grasuie Worsies (bees, vark of chipolatas) Kippers in roomsous Gebraaide tamatie Gebraaide sampioene ★ *Koue kos* Skinkborde met 'n verskeidenheid kase Skinkborde brood, muffins en croissants Botter, konfyte en heuning Borde vars vrugte
Notas	*Aarbeisjampanje: Versap twee koppies aarbeie saam met lemoensap, een koppie witwyn en 60 ml suiker tot glad. Wanneer die gaste aankom, voeg vonkelwyn by en bedien.* *Nooi die gaste om hulself te help sodra die kos gereed is. Hou die opskepbakke warm op 'n warmskinkbord.* *'n Ligte vrugtemousse of sorbet kan as nagereg bedien word in plaas van vars vrugte.*

HOOFSTUK 9

Tee- en-Koffie-partytjies

TEEPARTYTJIES

'n Teepartytjie is die ideale geleentheid vir vrouens om alleen saam te kuier. Dis ook die ideale geleentheid vir die gasvrou om haar fyn linne, mooi porselein en familiesilwer uit te haal. Koeke, tertjies en toebroodjies kan aantreklik voorgesit word op tafels gedek met damask en versier met vase vol geurige blomme.

Moenie die tafels te vol pak nie. Daar moet liewers 'n tafel wees vir die koppies en pierings, tee, melk en suiker, en 'n aparte een vir die kos. Bedien die beste kwaliteit tee en onthou om warm water te hê vir diegene wat nie van sterk tee hou nie. Onthou om die melk lank voor die tyd uit die yskas te haal en dit kamertemperatuur te laat bereik – baie koue melk laat die tee te vinnig koud word. Skink die tee of koffie self en laat jou gaste hulself help aan melk en suiker. Onthou om snye suurlemoen voor te sit en moenie die kunsmatige versoeters vergeet nie!

KOFFIEPARTYTJIES

'n Koffiepartytjie kan deur die dag gehou word, wanneer dit soortgelyk aan 'n teepartytjie sal wees, of in die aand. 'n Koffiepartytjie in die aand kan 'n effense ander karakter hê waar alle soorte koffie (variasies op die Ierse koffie-

HOE OM IERSE KOFFIE IN 'N MIKROGOLFOOND TE MAAK

NB. Glase moet hittebestand en metaalvry wees.

1. Gooi 'n opgehoopte teelepel suiker en een of twee sopies whisky in elke glas. Plaas die glase op 'n glasbord en verhit die whisky en suiker op "Hoog" vir ongeveer 30 sekondes of totdat borrels begin vorm. Haal die bord en die glase uit.
2. Steek 'n vuurhoutjie aan en steek die inhoud van elke glas aan die brand. Skink sterk koffie in elke glas – dit maak nie saak as die vlamme steeds brand wanneer jy skink nie – tot ongeveer een sentimeter van die rand af. Roer die mengsel goed.
3. Skep 'n groot eetlepel saggeklopte en effens versoete room bo-op en bedien dadelik.
4. Sjokoladevlokkies kan liggies oor die room gestrooi word.

tema) bedien kan word saam met koeke, nageregte en dalk 'n kaasbord en vrugte vir dié wat nie soet tande het nie.

As jy dit geniet om te onthaal en daarvan hou om iets anders te doen, is hierdie soort partytjie 'n ongewone idee. Nooi gaste om na ete te kom, of dalk na 'n fliek of teateropvoering wat julle almal bygewoon het. Trek 'n paar gemakstoele nader, haal nageregte en soutighede uit die spens of die yskas, maak 'n groot pot koffie en jy kan nie vir 'n aangenamer aand wens nie.

Die voordeel is dat ongeveer alles voor die tyd voorberei kan word. Dek die tafel, buffet of teetrollie met koppies, pierings, bordjies, vurke, teelepels en hittebestande glase. Sit die melk, suiker en 'n Thermosfles met warm water voor die tyd uit, maar maak die koffie net voor dit bedien moet word. Onthou om varsgemaalde filterkoffie te bedien (maar hou gedekafeïeneerde koffie byderhand vir dié wat dit vra).

As jy beplan om "gegeurde koffie" te maak, kry dan al die dranke voor die tyd gereed: whisky, brandewyn, Tia Maria en rum is maar 'n paar moontlikhede. Moenie die room te lank voor die tyd klop nie, want dit sal die koffie vertroebel en dit sal nie netjies bo-op dryf nie. Onthou: die geheim van Ierse koffie is om jou glas regtig warm te kry deur die suiker saam met die alkohol oor 'n vlam warm te maak voordat jy die koffie byvoeg – wat ook stomend warm moet wees. Gebruik dubbelsterkte koffie omdat die koffie deur die bleekgekleurde whisky verdun word en dan kan gewone koffie waterig lyk. Jy kan 'n bietjie kul deur 'n teelepel of twee kitskoffie by filterkoffie te voeg. As jy 'n mikrogolfoond het, kan die maak van Ierse koffie nie makliker wees nie.

TEE- EN KOFFIEPARTYTJIES

MIDDAGTEEPARTYTJIE VIR 20 DAMES

Komkommertoebroodjies
Eier-mayonnaise toebroodjies

★

Sjokoladekoek
Appeltert en room
Eier-en-spek-souttert

★

Meringues met 'n koffieroomvulsel

★

Tee of koffie

AANDKOFFIEPARTYTJIE VIR 10

Oop toebroodjies met:
Gesnyde hoender, ham, gebraaide bief, gerookte makriel, hardgekookte eiers, salami of kaas; almal gegarneer met kruie en kleurvolle groentes of piekels

★

Vars vrugterandkoek

★

Kaaskoek

★

Gegeurde koffies en room

Notas:

Gegeurde koffies:
Ierse koffie (whisky)
Jamaika-koffie (rum)
Suid-Afrikaanse koffie (Van der Hum)
Meksikaanse koffie (Khalua) en ander

HOOFSTUK 10

Noenmale

DIE WERKSNOENMAAL

Dit is nie vreemd vir sakemense om soms 'n middagete in 'n huislike omgewing te gaan geniet nie. Vir sakedoeleindes is dit egter dikwels geriefliker om na 'n restaurant of 'n privaatklub te gaan. 'n Ligte kroegete is geskik vir gereelde sakekontak of 'n driegangete in 'n deftige restaurant is ideaal vir 'n belangrike transaksie: die styl, formeelheid en kostes sal bepaal word deur die statuur van jou gaste en die doel van die geleentheid.

'N FEESTELIKE NOENMAAL AAN HUIS

UITNODIGINGS — Nooi jou gaste lank genoeg voor die tyd per telefoon, brief of kaartjie. Dis gewoonlik nie nodig om uitnodigings te laat druk nie, tensy dit 'n belangrike geleentheid is.

TYD — Noenmaalgaste word gewoonlik genooi vir 12:30, sodat middagete teen 13:00 bedien kan word en dat alles verby kan wees teen 14:00. Dit laat genoeg tyd vir diegene wat moet terugkeer kantoor toe en is dus hoofsaaklik van toepassing op 'n middagete wat op 'n weeksdag geskied. Dis nie nodig om so puntenerig te wees oor naweke nie.

ETIKET — Wees spesifiek oor die soort drag wat gewens is; gaste moet weet of dit 'n formele of informele geleentheid is. (Die gasvrou, terloops, dra nooit 'n hoed in haar eie huis nie.) Let op dat wanneer daar 'n belangrike persoon as eregas is, jy die gaste moet vra om voor hom of haar daar te wees en nie te gaan voordat die eregas vertrek het nie.

DIE ONTVANGS VAN JOU GASTE — Groet jou gaste by die voordeur soos hulle aankom. As die gaste mekaar nie goed ken nie, stel soveel as moontlik mense aan mekaar voor en gee interessante inligting oor hulle werk of stokperdjies om te help om die geselskap te laat vlot.

DRANKIES — Dis gebruiklik om drankies voor 'n noenmaal te bedien. Dit kan alkoholies wees, soos wyn, sjerrie, jenewer, vermoet of pons – maar maak seker dat nie-alkoholiese dranke soos sodawater, lemoensap en tamatiemengeldrankies beskikbaar is. Wat drank op die tafel betref, vonkelwyn sal geskik wees vir feestelike geleenthede, anders 'n ligte wit- of rosé wat in die meeste spyskaarte en smake sal val. As dit 'n groot byeenkoms is, mag jou gaste wil kies tussen 'n droë of semisoet witwyn, of, op 'n koue wintersdag, 'n droë rooiwyn.

ONTHAALAREA — Afhangende van die seisoen en die weer kan jy 'n geskikte plek in die tuin uitsoek en een groot tafel of 'n paar kleineres daar dek, of op die stoep as dit groot genoeg is. Moet egter nie kanse waag in wispelturige weer nie – bly liewers binne tensy dit regtig aangename weer is.

SITPLEK — Beplan jou sitplekplasings voor die tyd en maak gebruik van pleknaamkaartjies as daar meer as ses gaste is.

BEDIENINGSTYL — Noenmaalgaste kan aan tafel bedien word deur personeel, of hulself help by 'n buffet. (Sien die afdeling oor "Soorte diens by dinees en buffetetes" in Hoofstuk 2.)

'N NOENMAAL VIR MANS AAN HUIS

Sou jy kies om 'n noenmaal vir net mans aan huis te hou, hou in gedagte dat mans geneig is om konserwatief in hulle smaak te wees en dit is dus beter om die kos redelik eenvoudig en vullend te hou; maak ook seker die porsies is groot. 'n Ete net vir mans moet liefs altyd 'n aansitete wees, want mans hou in die algemeen nie daarvan om van hulle skote af te eet nie.

Die tafel kan fors en manlik gedek wees. Kies sterk kleure en dalk 'n ongewone middelstuk wat die doel van die geleentheid demonstreer – jy mag

byvoorbeeld 'n model van 'n antieke motor leen en dit omring met blare en gras as jou gaste in die motorindustrie is. Die tafeldoek kan ook van heldergestreepte gordynmateriaal of lakens wees. Servette moet groot wees, so ook asbakke en pleknaamkaartjies.

'N NOENMAAL VIR DAMES AAN HUIS

TAFEL

Of dit nou 'n formele noenmaal ter ere van 'n spesiale persoon is of heel informeel, dit is altyd paslik om jou mooiste tafelgerei te gebruik vir 'n noenmaal vir dames – jou fynste porselein en silwer en jou beste tafellinne. Blomme kan oorvloedig wees. Wat die middelstuk betref, kan jy jou verbeelding vrye teuels gee, maar jy hoef dit nie oordadig te maak nie en kerse word natuurlik nie gebruik nie. Jou kleurskema moet aanpas by die omgewing, of dit nou binne of buite is, formeel of informeel. 'n Noenmaal vir dames is die bevredigendste ete om te beplan omdat vrouens weet hoeveel werk daarin gaan en gewoonlik baie waarderend is.

GESKENKE

'n Bedagsame gebaar is 'n klein geskenkie, mooi toegedraai, by elke plek. Die papier en linte moet by die kleurskema pas, byvoorbeeld, as jy skakerings van pienk gebruik, moenie die geskenke in gekleurde papier wat sal bots met die tema toedraai nie.

DIE SPYSKAART

Die kos by 'n noenmaal vir dames moet lig en aantreklik wees – en dit moet maklik wees om te bedien en te eet. Dis nie nodig om meer as drie disse te bedien nie, maar wat jy ook al aanbied, probeer om dit spesiaal te maak en nie iets wat hulle self normaalweg tuis vir die gesin sal voorsit nie. Wat jy kies om te bedien sal natuurlik totaal afhang van of jy hulp het of nie. As jy nie assistente het nie, is dit belangrik om versigtig te beplan – jy kan byvoorbeeld die voorgereg iewers in die huis bedien waar die borde gelaat kan word om later weggeneem te word, of koffie in 'n area wat nie vroeër gebruik is nie. Dit sal beteken jy hoef nie tyd weg van jou gaste te spandeer om glase en asbakke uit die sitkamer weg te neem nie. As jy goeie kos mooi aanbied, selfs al is vrouens altyd op dieet, sal hierdie diëte waarskynlik sonder wroeging gebreek word! Maak dus seker daar is genoeg.

Die voorgereg

Die voorgereg kan 'n vorm van koue vis of sop, gerookte ham en spanspek, 'n mooi slaai of groentes wat verbeeldingryk voorberei is, wees. In die winter is 'n warm sop welkom.

Die hoofgereg	Dit kan biefstuk, of 'n heel gebakte forel met slaai en aartappels, of gestopte hoenderborsies met 'n interessante sous en groentes wees. Maak seker dat jy nie bestanddele herhaal nie, byvoorbeeld nie 'n vrugtekelkie as voorgereg en dan Hawaiïese hoender as hoofgereg, dus met pynappel nie.
Nagereg	Moenie dink omdat dit 'n noenmaal vir dames is, jy kan die nagereg uitlaat nie – die dames sal gekul voel! Gee hulle iets wat hulle sal laat voel dis die moeite werd om hulle diëte te verbreek. 'n Sondige neut-meringue, vrugtige pavlova en room, 'n dekadente wit-en-donker sjokolademousse, glinsterende roomkaramel, roomys en eksotiese souse – dis almal gewaarborgde dieetverbrekers. Rond die ete af met 'n koppie goeie koffie en dalk 'n sjokolade of twee.

NOENMAALSPYSKAARTE

LENTE-NOENMAAL VIR MANS AAN HUIS, VIR 10

Tamatiesop gegarneer met 'n spesiale jogurt en fyngekapte pietersielie
Portugese rolletjies en botter

★

Varkfilette met ingemaakte appelkose en kasjoeneute
Gebotterde rys gegarneer met pietersielie
Murgpampoentjies (courgettes)
Blomkool met kaas

★

Geskilde papinohelftes gevul met roomys, versier met aarbeie en moerbeie met room en kruisementtakkies bo-op

★

Kaasbord

★

Koffie en sjokolade

NOENMAAL VIR DAMES VIR 10

Gazpacho met croutons

★

Forel gebak in foelie met wyn, uie en sampioene
Gebotterde klein aartappeltjies

Groen slaai met verskillende soorte blaarslaai, kruie, avokado en spruitjies

★

Pavlova met ryp vrugte

★

Koffie en sjokolade

VEGETARIESE MIDDAGETE VIR 10

Individuele slaaie van artisjokharte, hardgekookte eiers in kwarte gesny, kappertjiesade en vinaigrette-slaaisous
Roosterbrood en botter

★

'n Pannekoekstapel met lae spinasie en ricottakaas
Tamatiesous
Geel murgpampoentjiestokkies
Versuikerde, gesnyde wortels met papawersaad
Gebotterde jong aartappels (opsioneel)

★

Wit sjokolademousse

★

Koffie

Notas

Die spinasie-en-ricotta-pannekoekstapel kan voor die tyd voorberei word. Maak die vulsel vir ongeveer 12 pannekoeke. Plaas lae vulsel tussen elke pannekoek, maar nie te dik nie, anders sal dit uitpeul wanneer dit gesny word, en maak seker die vulsel word tot op die rande van die pannekoek gesmeer. Gooi gerasperde kaas bo-oor en bak dit in die oond teen 180° C vir 30 minute. Bedien in wîe gesny op tamatiesous.

Die aartappels is nie werklik nodig nie aangesien die pannekoek genoeg koolhidrate voorsien.

INFORMELE SUID-AFRIKAANSE AANDETE VIR 10

Snoekpatee met suurlemoenskywe
Roosterbrood en botter

★

Bobotie
Geelrys met rosyntjies
Gekapte tamaties en uie
Gesnyde piesangs
Droë klapper
Blatjang

★

Kaalperskes in heuning en rooiwyn
Vla

★

Later, saam met koffie
Melktert
Koeksistertjies
Kaapse brandewyntert en room

Notas

Kleur die rys met borrie en lê die rosyntjies in warm water voor dit by die rys gevoeg word.

Laat die piesangskywe in melk of jogurt lê om te voorkom dat dit verkleur, maar nie te lank voor die tyd nie, want dan sal hulle slymerig word.

Laat 'n lang pouse toe tussen die ete en die koffie aangesien die koeke baie vullend is.

HOOFSTUK 11

Buffetetes

Buffetetes het toenemend gewild geword as 'n manier om groot getalle gaste te onthaal met die minimum personeel en spasie beskikbaar. Gaste help hulself. Indien jy egter 'n buffetete vir bejaardes beplan, maak seker dat hulle nie meer as twee keer moet opstaan nie – anders sal daar dalk baie nagereg en koffie oorbly!

Enige maaltyd kan as 'n buffetete voorgesit word – ontbyt, laat ontbyt, middagete, teepartytjies of aandete, en dit kan beide binnenshuis of buite bedien word. Jy kan die buffettafels enige plek plaas wat toeganklik vir die gaste is en wat natuurlik deel is van, of gemaklik deel word van 'n toepaslike eetvertrek; byvoorbeeld 'n eetkamer wat uitloop op 'n patio, of 'n area in die tuin met die geskikte fasiliteite.

Aangesien 'n buffetete informeel of formeel kan wees, dui die aard van die geleentheid aan wanneer die gaste genooi word, per telefoon of per nota.

Wanneer die verskillende geregte vir die buffet beplan word, neem in ag hoe die kos sal lyk as dit vir 'n ruk lank staan. 'n Bord kouevleis, byvoorbeeld, lyk wonderlik wanneer dit pas uitgesit is, maar die snye droog vinnig uit en krul op in die droë klimaat, en jou asemrowende profiteróle-piramide omring met gespinde suiker sal in vogtige weer net in 'n morsige poel karamel verander. Oorsiglys 19 sal 'n paar algemene wenke gee vir die beplanning van 'n buffetete.

Oorsiglys 19: Nuttige wenke vir 'n buffetete

* Beplan voedsel wat
  – voor die tyd voorberei kan word;
  – nie te veel laasteminuut-aandag gaan vereis nie; en
  - nie sal bederf terwyl dit staan nie.
* Bied die kos aantreklik aan – jou buffet of tafel is die agtergrond wat jy met komplementerende vorms en kleure gaan vul om 'n aantreklike geheel te vorm.
* Indien moontlik, moenie die kostafels teen 'n muur plaas nie – vermy 'n samedromming deur gaste óm die tafels te laat beweeg eerder as langs die tafel verby.
* Maak seker jy het genoeg warmskinkborde, branders of konfore om die disse warm te hou.
* Gaste moet hulself maklik kan bedien. Berei die disse in individuele porsies voor (byvoorbeeld gestopte hoenderborsies), of anders moet daar geskikte opskepgereedskap wees om porsies mee uit te skep, byvoorbeeld geposjeerde vis of moussaka.
* Maak seker daar is genoeg langsteel-opskeplepels.

'N INFORMELE BUFFETETE

Die opstelling

By 'n informele buffetete sit die gaste nie aan by tafels nie, maar daar behoort tafels te wees waar hulle hul glase en asbakke kan neersit.

Mooi tafeldoeke sal die tafels in die buffetarea (of areas) aantreklik laat lyk; sit blomme op die buffettafels en op ander tafels ook. Servette kan die geheelbeeld koördineer – dit kan baie dekoratief lyk as hulle opgerol word en soos 'n bos blomme in 'n mandjie met hoë rande geplaas word (asof in 'n blompot).

Die rangskikking van die kos

Rangskik die kos kunstig in die volgorde waarin dit geëet moet word – byvoorbeeld eers die vleisborde en die kasserolgeregte, dan die slaai of groentes, brood en botter, en laastens die nageregte, vrugte, kaas, ensovoorts. As daar baie gaste gaan wees, probeer om meer as een bedieningspunt te hê. Dit mag beteken dat jy 'n aparte tafel vir elke gereg moet hê: een vir die voorgereg, vir die hoofgereg, ensovoorts, met verskeie borde vol van dieselfde gereg om bottelnekke te voorkom.

Breekware en eetgerei

Die borde en eetgerei moet op 'n tafel of 'n trollie naby die kos wees. Maak ook seker daar is servette, sout en peper en ander smaakmiddels (indien nodig) byderhand.

Kos by 'n informele buffetete

Die voorgereg

Die voorgereg hoef nie in dieselfde vertrek of buitearea bedien te word as waar die hoofgereg geëet gaan word nie. In plaas daarvan om dit 'n selfhelp-gereg van 'n buffet af te maak, kan jy dalk skinkborde met byvoorbeeld warm sop laat omstuur – bedien in sopkoppies of groot koffiekoppies en pierings – vir die gaste om aan te teug terwyl hulle staan. Terwyl die gaste na die area beweeg waar die hoofgereg bedien gaan word, kan die koppies weer op die skinkborde teruggeplaas word.

Die hoofgereg

As gaste gaan eet terwyl hulle staan, bedien kos wat net met 'n vurk geëet kan word (dit sluit slaaie in – wanneer dit voorberei word, breek die blare in bytgrootte stukke).

By 'n informele buffetaand- of -middagete in die winter is huislike, vullende disse ideaal – soos moussaka, lasagne, herderspastei, bobotie, macaroni en kaas en kerries.

DRANKIES

Bly by eenvoudige alkoholiese opsies vir 'n informele onthaal. Jou gaste mag wil begin met bier en dan wyn saam met hulle kos drink. Daar moet altyd nie-alkoholiese alternatiewe wees.

Sit standaardgrootte wyn- en bierglase uit sodat jy nie te veel beslommernisse het met verskillende tipes glase nie. Gee jou gaste 'n keuse tussen 'n goeie wit- of rooiwyn.

Met 'n groot groep is dit gewoonlik makliker om drankies vanaf 'n tafel spesifiek vir hierdie doel te bedien. Vir 25-30 gaste is 'n opslaantafel met 'n tafeldoek oor goed vir dié doel. Plaas die glase, netjies in rye, die rooiwyn, die kurktrekker, 'n skinkbord waarop geskink kan word en 'n asbak op die tafel. Hou die witwyn in groot ysemmers op die tafel of eenkant in aparte wynverkoelers. Voorsien vadoekies om die bottels mee af te droog. Ekstra witwyn kan uit die oog onder die dranktafel in 'n bad met yswater gehou word.

FORMELE BUFFETETES

Formele buffetetes kan 'n baie stylvolle manier wees om groot groepe mense te onthaal. 'n Elegante buffetete kan byvoorbeeld geskik wees vir 'n tuinparty (sien hoofstuk 15).

UITNODIGINGS

Die uitnodigings is gewoonlik geskrewe. Drag sal elegante dagdrag wees vir beide mans en dames.

DIE SITBEPLANNING

By 'n formele buffetete sal die gaste by tafels aansit. 'n Baie deftige geleentheid sal tafellyste en plekkaarte insluit, maar andersins is dit jou besluit of jy dit sal hê of nie.

Anders as met 'n informele buffetete waar verskeie eetareas gebruik kan word, is dit beter om jou gaste in een area of twee aangrensende vertrekke te hê by 'n formele buffetete. Dit is om enigiemand wat 'n heildronk of 'n toespraak wil lewer, in staat te stel om almal aan te spreek en gehoor te word. Soos met 'n informele buffetete het jy 'n area in jou tuin of huis nodig wat maklik toeganklik is vir jou gaste en waar daar nie 'n opeenhoping sal wees wanneer hulle hulself help nie.

Die vorm van die tafels sal afhang van die beskikbare ruimte, maar hulle moet almal min of meer dieselfde aantal mense kan akkommodeer. Wanneer jy 24 gaste laat aansit, is dit byvoorbeeld baie beter om drie tafels vir agt te hê eerder as twee vir 10 en een vir vier.

Assistente

Dis belangrik om assistente te hê om te help om die kos en drank te bedien, om glase, borde en asbakke weg te neem, en in die algemeen byderhand te wees om na die gaste om te sien by 'n formele buffetete.

TOERUSTING

Afhangende van die grootte van die onthaal mag jy dalk nodig hê om tafels en tafeldoeke te huur. Maak voor die tyd seker jy het genoeg eetgerei en breekware om die aantal mense wat jy wil nooi te kan onthaal: leen of huur indien nodig. Wanneer jy uitwerk hoeveel eetgerei en breekware jy nodig het vir elke plek, moenie vergeet om 'n bottermessie vir elke gas te bestel nie, en maak seker daar is genoeg asbakke – dis items wat 'n mens geneig is om te vergeet.

DIE TAFEL VIR 'N FORMELE BUFFETETE

Dek jou tafels soos vir enige formele onthaal. Onthou dat feestelike tafels heelwat tyd neem om te dek. Dus, indien die ete binne is, werk al jou vereistes voor die tyd uit en indien moontlik, dek die tafels volledig die dag voor die tyd.

Om 'n feestelike en harmonieuse atmosfeer te kry, kies jou teksture, vorms en kleure sodat dit jou permanente meublement komplementeer. By die keuse van tafeldoeke, of dit standaard linnetafeldoeke of doeke van lakenstof, meubelstof of gordynmateriaal is, maak seker dat dit by die res van die omgewing pas. Dieselfde geld vir plekmatjies, servette, blomme – en kerse as die onthaal in die aand is.

As die funksie in die aand is, is voldoende beligting van die buffettafel belangrik – lang kerse kan dit uitnodigend laat lyk. Maak seker daar is genoeg kerse en kandelare. Verskeie lang, spits kerse in elke blommerangskikking (vasgesit in bloemistesponse of "oase-blokke") kan die probleem van 'n tekort aan kandelare oplos.

Dek wyn- en waterglase op die tafel soos vir 'n formele dinee. (Sien die foto onder "Tafelgerei" in hoofstuk 1.)

Kos by 'n formele buffetete

Die voorgereg

Die hors d'oeuvres kan aantreklik uitgestal word langs die buffettafel vir die hoofgereg. Gebruik jou mooiste bakkies, borde en skinkborde om kos soos heel koue vis en tuisgemaakte mayonnaise voor te sit, of koue vleise, gemarineerde groente, slaaie, ensovoorts. As die borde en skinkborde teen verskillende hoogtes uitgestal word, kan dit die tafel interessant laat lyk: plaas vrugtekartondose of ander plat dose (nie te hoog nie – maksimum 15 cm hoog) onder die tafeldoek by een of twee punte op die tafel en pak groepe borde en bakke om hulle. Jy kan ook jou middelstuk of blommerangskikking lig op dié manier. Stal die kos op die aantreklikste manier moontlik uit – maar moenie dat dit te lank sonder bedekking staan voor dit bedien word nie.

'n Ander idee is om jou eerste gereg reeds op te skep en gereed op die tafel te hê voor die gaste aansit. Weer eens, moenie die borde te lank voor die tyd uitsit nie – die kos se voorkoms mag bederf word. Onthou ook dat jy baie spasie in die kombuis nodig het om die borde voor die tyd te kan uitsit. (Dit geld ook vir wanneer die hoofgereg vooraf opgeskep word by dinees.)

Alhoewel dit normaal is om slaai met twee slaailepels te bedien, is tange makliker om te gebruik by enige soort buffetete aangesien die gaste 'n bord in die een hand vashou. Dit is gewoonlik makliker om koue vleise, aspersies, heel groenbone, mossels en selfs vrugte op 'n bord met tange op te skep.

As jy nie spasie het vir 'n voorgeregtafel nie, of nie in die kombuis om kos vooraf op te skep nie, kan assistente groot skinkborde gemengde hors d'oeuvres by elke tafel hou sodat die gaste hulself kan help, weer eens met tange om opskep maklik te maak. Wanneer die voorgereg klaar is, kan die borde verwyder word wanneer die gaste opstaan om die volgende gereg te gaan opskep.

Die hoofgereg

Wat jy ook al bedien, dit is essensieel dat warm kos warm moet wees (en dat die borde daarvoor warmgemaak is) en die koue kosse koud.

Warm buffetetes

Maak voor die tyd seker jy het genoeg warmskinkborde. Laat die elektriese koorde onder die tapyt lê om die aaklige gevolge van 'n gas of 'n assistent wat oor hulle struikel, te voorkom. Bedien warm kos in bakke met plat basisse sodat die grootste moontlike area in kontak met die warm skinkbord kan wees. As die handvatsels van jou opskeplepels nie lank genoeg is nie – byvoorbeeld vir 'n kasserolgereg – sit 'n kleinbordjie naby neer sodat die gaste dit kan neersit eerder as dat hulle in die sous in gly. Jy mag dalk 'n lepelhouer wat aan die bak kan vasheg, koop. Laat daar iemand bystaan om te help met die bediening. Indien iemand die gebraaide vleis by 'n warm buffetete sny (soos 'n hele kruisstuk of verskeie filette, of 'n gevlekte lamsboud), moet hy ondervinding hê en die messe moet skerp wees. Die ideaal is om die vleis op 'n warmskinkbord te sny en dit dan oor te plaas op 'n warm bord met elegante voedselspane of groot, silwer visskeppers. Gaste kan hulself help aan

groente en sous wat op 'n aparte warmskinkbord of 'n bain-marie warm gehou word.

As jy senuweeagtig is om 'n formele buffetete aan te bied, is daar 'n eenvoudiger, redelik pynlose manier om dit te doen wat net so elegant is. Jy kan kasserolgeregte soos spinasie- en kaasgevulde hoenderborsies in 'n roomsous, of visfilette in kappertjiesaadsous, of voorafgesnyde beesbinneboud in sous bedien. Daar is twee groot voordele aan om jou hoofgereg in 'n sous te bedien. Eerstens, dit kan ten volle die middag voor die onthaal voorberei word. Die dis word dan opgewarm net voor julle beplan om te eet en besprinkel met pietersielie wanneer die gaste opstaan om hulself te gaan help. Tweedens, terwyl die souse help om die smaak van die vleise te verhoog, voorkom dit ook dat die kos uitdroog of brand terwyl dit op die warmskinkbord staan.

Die kuns is om kos voor te sit in regtig mooi opskepbakke met deksels – elegante opskepbakke laat selfs die eenvoudigste kos spesiaal lyk. Silwer skinkborde of entrée-bakke sal ideaal wees.

Dis wys om 'n keuse tussen, sê maar, gebraaide vleis en 'n kasserolgereg of tussen 'n vis- en vleisgereg aan te bied. Hou in gedagte dat dit twee hoofgeregte is wat jy aanbied en jou gaste sal hulle waarskynlik gelyktydig aan altwee help. Maak seker jou meegaande groentes of slaai pas by altwee disse en dat jy nie dieselfde bestanddele in beide disse gebruik nie.

Onthou: die meeste groentes kan volledig voorberei word die oggend of die middag voor die tyd (verwys terug na "Kos wat moet staan" in hoofstuk 5). Voedselfanatici sal skrik vir my voorstelle; maar aangesien min van ons oënskynlik ondervoed is, is hierdie kommervrye manier van groente voorberei nie soms toelaatbaar nie?

Koue buffetetes

Die meeste kos vir 'n koue buffetete kan voor die tyd voorberei word. Voordat jy egter 'n groot koue buffetete beplan, maak seker jy het genoeg yskasspasie en dat jou borde en bakke sal inpas.

Haal die borde en bakke wat jy nodig sal hê, 'n paar dae voor die tyd uit. Sit 'n nota met wat jy beplan daarin moet kom op elkeen (die selfklewende "Post-it"-notapapier is ideaal).

As jou ete buite op 'n warm dag gaan plaasvind, maak seker die kos is in die skadu onder 'n veranda, bome of sambrele. Om te voorkom dat die kos warm word, kan jy, indien nodig, jou opskepborde in groter borde vol ysblokkies plaas. Hou bakke vir koue sop in die vrieskas om hulle deeglik koud te maak voor die tyd.

Soos altyd moet daar genoeg opskeplepels en -tange wees.

By 'n formele koue buffetete kan jy 'n verskeidenheid gesnyde vleise (maar nie elkedagse kos soos polonie nie), pluimvee, heel geposjeerde lynvis, haringslaai, skulpvis, gevulde avokadohalwes en 'n aantal slaaie en souse voorsit. Daar kan ook 'n brooduitstalling wees (of brood en botter op elke tafel), en vir vegetariërs is 'n substansiële kaasbord altyd welkom.

Nageregte by 'n buffetete

By 'n formele buffet kan jy werklik uithang met 'n aantal nageregte pragtig aangebied. Dit kan op 'n ander tafel of buffet uitgesit word met nageregbakkies en -bordjies, lepels en vurke.

Dit mag vreemd lyk, maar na 'n goeie hoofgereg is gaste dikwels onwillig om op te staan en nagereg vir hulself te gaan haal. Dit plaas jou in 'n moeilike situasie, want al wil jy nie jou gaste aanjaag nie, is daar personeel om in ag te neem en jy wil ook graag die grootste deel van die werksaamhede agter die rug kry sodat jy saam met jou gaste kan ontspan. 'n Paar voorstelle kan dinge makliker maak:

★ Skep die nagereg in die kombuis op en laat die assistente dit uitdeel.

★ As daar genoeg ruimte is, pak al die nageregte op 'n opdieningstrollie en bedien die gaste so.

★ Plaas een van elke nagereg op elke tafel en laat die gaste hulself help sonder om op te staan. Dit kan tot vermorsing lei, maar dit spaar baie moeite.

Smaaklike en populêre buffetnageregte is sjokolademousse (wit of donker), vrugtemousse, neutterte, vrugterandkoek, soetgebak, alle soorte meringues, crème caramel, éclairs, brandewynhappies, koekstruif, perskes of pere in rooiwyn, kaaskoek, brandewynpoedings en alle soorte roomys en souse wat daarmee saamgaan. As jy 'n kwistige nageregtafel beplan, laat die gaste vis- of selfs groot borde gebruik in plaas van die gewone klein nageregbakkies. Dis ongewoon en laat jou gaste bederf voel.

Koffie en likeurs

Waar en hoe jy jou gaste bedien, hang af van die beskikbare spasie en hoe groot die onthaal is – as almal nie gemaklik in die sitkamer of elders kan sit nie, mag jy verkies dat hulle by die tafel bly sit.

As die gaste wel opstaan om na 'n ander vertrek te beweeg, kan hulle in die verbygaan elkeen 'n koppie koffie en likeur by 'n sentrale bedieningspunt neem voordat hulle weer gaan sit. As hulle by die tafels bly sit, kan jy, as daar spasie is, al die nodige op 'n bedieningstrollie laai en dit omstoot by elke tafel. Maar dan moet jou waentjie redelik groot wees en, veral, baie stabiel.

Alternatiewelik, as jy nie baie personeel het nie, kan die koffie op elke tafel geplaas word waar een van die gaste as "eregasvrou" kan optree. Terselfdertyd kan jy self die likeurs en konjak uitdeel.

DRANKIES BY 'N FORMELE BUFFETETE

Aangesien 'n buffetete normaalweg vir 'n groot aantal mense is, is dit onwaarskynlik dat drankies bevredigend vanaf 'n drankkabinet bedien sal kan word. Dalk het jou woning 'n kroeg, maar min van hulle het gewoonlik die luuksheid van ys, glase, water, yskas, ensovoorts, alles op een plek. Dan sal daar ook assistente nodig wees om te help om die drankies te skink en te bedien.

Opstel van drankies

Die area wat gebruik gaan word, is jou keuse. Dit kan 'n hoekie van die patio wees, 'n studeerkamer of selfs die ingangsportaal. Maak seker dis toeganklik, kan 'n opslaantafel of twee en 'n sinkbad, indien nodig, akkommodeer. Daar moet spasie agter die tafel wees waar een kroegman kan staan om te bedien; een of twee ander assistente kan rondbeweeg om bestellings te neem en leë glase en vol asbakke weg te neem.

Wat bedien word, hang af van jou gaste se voorkeure en jou begroting. By 'n belangrike formele onthaal mag daar 'n volle kroeg wees (sien Oorsiglys 20), met 'n verskeidenheid spiritualieë en mengeldrankies, wyne, bier en konjaks en likeurs vir na die ete.

Jy mag dalk 'n skemerkelkie, pons of selfs sjampanje aan jou gaste wil bedien wanneer hulle opdaag. Indien wel, lig jou assistente in en doen jou

VOORRAAD VIR DIE KROEG TUIS

Wyn	Voorraad	Herbestel
Rooi		
Rosé		
Wit		
Sjampanje		
Likeurs		
Konjak		
Armagnac		
Bourbon		
Cointreau		
Tia Maria		
Drambuie		
Kahlua		
Amaretto		
Van der Hum		
Sambucca		
Chartreuse		
Spiritualieë		
Schnapps		
Whisky		
Brandewyn		
Rum		
Jenewer		
Rietspiritus		
Wodka		
Vermoet (rooi)		
Vermoet (wit)		
Sjerrie		
Port		
Angostura		
Campari		
Ysblokke		
Ysblokkies		

Kroegtoerusting	Gaan na
Kroeglap	
Bedieningskinkbord	
Snyplank	
Bak vir bottelproppe	
Sinkbadjies	
Botteloopmakers	
Skemerkelkmenger	
Drupmatjies	
Kurktrekker	
Ys	
Ysemmer	
Tange	
Sopiemaat	
Lepel	
Skilmes	
Sif	
Geurder	
Waterbeker	
Suurlemoene	
Lemoene	
Kersies	
Uie	
Tandestokkies	

Aantekeninge

Kruideniersware	Voorraad	Herbestel
Sigare		
Sigarette		
Vuurhoutjies		
Skyfies		
Neute		
Biltong		
Pepermente		
Servette		
Papierhanddoeke		
Skottelgoedlappies		
Teehanddoeke		
Vullissakke		
Suurlemoene		
Kleefplastiek		
Worcestersous		
Tabasco		
Ander		

Bier	Voorraad	Yskas	Herbestel
Castle			
Lion			
Amstel			
Ander			
Mengers			
Coke			
Dieet Coke			
Sodawater			
Perrier			

Mengers	Voorraad	Yskas	Herbestel
Lemonade			
Gemmerbier			
Bittersuurlemoen			
Tonikum			
Appletizer			
Druiwesap			
Tamatiesap			
Lemmetjiesap			
Vars lemoensap			

voorbereidings voor die tyd: byvoorbeeld, maak sjampanjebottels oop, meng die pons 'n kwartier of wat voordat gaste gaan opdaag, hou die glase gereed. Party gaste mag dalk nie 'n skemerkelkie wil drink nie en moet enige ander drankie van hul keuse kan bestel.

Maak seker daar is genoeg glase: hou in gedagte dat, behalwe die glase by die kroeg vir drankies voor die ete en vir likeurs en brandewyn (indien jy beplan om dit later te bedien), jy ook 'n volle stel vir die tafels nodig sal hê. As jy nie seker van die hoeveelhede is nie, laat jou drankwinkel jou adviseer.

As die aand- of middagete gereed is, behoort gaste hulle glase agter te laat ongeag of hulle klaar gedrink het of nie, soos by alle formele funksies.

VERVERSINGS

Dis 'n goeie idee om bakkies en borde verversings uit te sit vir gaste om aan te peusel terwyl gewag word dat almal opdaag. Dit help teen die hongerpyne en keer dat gaste aangeklam raak!

BUFFETETESPYSKAARTE

INFORMELE BUFFET-AANDETE VIR 10

Warm consommé met sjerrie in koppies
Gebotterde beskuitjies

★

Filette van kurper in 'n sampioensous gebak met kaas bo-oor
en/of
Geurige beeskasserol met wortels en uie
Pietersieliery of noedels
Jong groenboontjies
Gebotterde patty-pan-skorsies met neutmuskaat

★

Groenslaai

★

Vrugteslaai
Roomys en karamelsous
Kaapse brandewynpoeding en room

★

Koffie

FORMELE WARM BUFFETETE VIR 20

Individuele gemengde seekosslaaie
Rolletjies en botter

★

Sampioenroomsop

★

Heel braaikruisskyf
en/of
Ontbeende, gestopte braaihoender
Klein aartappeltjies met botter en pietersielie
Ratatouille
Petit pois (klein ertjies)
Klein worteltjies

★

Een balletjie elk vanieljeroomys, rooi waatlemoensorbet en groen lemmetjiesorbet met mangopurée

★

Kaas en beskuitjies
Koffie

Notas

Hierdie spyskaart sal waarskynlik twee oonde vereis, een vir die kruisskyf en een vir die gestopte hoender.

Jy sal personeel nodig hê om die vleis te sny en te bedien.

Vir die seekosslaaie kan jy twee of drie gestoomde mossels, gerookte salm, gepeperde makriel, calamari-ringe en twee of drie afgedopte steurgarnale insluit, met 'n teelepelvol tartaarsous op die kant. Die slaaie kan gereed op die tafel wees.

Die sop kan deur die personeel uitgedeel word.

Die gaste skep self vleis en groente op.

Personeel bedien individueel-opgeskepte nageregte en plaas 'n bord met kaas en beskuitjies op elke tafel.

Probeer om iewers anders heen te verskuif vir koffie en friandises.

'N FORMELE KOUE SOMER-BUFFET-MIDDAGETE VIR 30

Op die tafels
Verkilde Borscht (beetsop-purée)
Rolletjies en botter

★

Visbuffet op skinkborde
Gerookte salm of
Gravad lax
Gepeperde makriel
Gerookte forelhappies
Heel geposjeerde lynvis met groen mayonnaise
Ingelegde vis
Calamari-slaai
Ceviche (slaai van gemarineerde rou vis en skulpvis)

★

Vleisbuffet op skinkborde
Snye koue halfgaar gebraaide filet met moussellinesous
Snye gerookte kalkoen met pynappel en groen olywe
Snye ham met gesnyde perskes en cumberlandsous
Snye Parmaham (of gerookte bief of Bündnerfleisch)
Snye kalfsvleisterrine

★

Slaaie
Griekse slaai (blaarslaai, fetakaas en swart olywe)
Wortel-, appel- en okkerneutslaai
Aartappelslaai
Suikermielies en soet rooipeperslaai

★

Kaasbord
Vrugtebord

★

Nageregbuffet
Koekstruif
Sjokolademousse
Meringues
Sorbet
Geposjeerde pere en brandewyn en room

★

Koffie

HOOFSTUK 12

Skemer-onthale

Die skemerkelk het in ongeveer 1866 in Amerika ontstaan en was gedefinieer as 'n sterk drankie gebaseer op spiritus met bitters, suiker en ander bestanddele. Die bekendste skemerkelkie is waarskynlik die Martini, bestaande uit droë vermoet en jenewer op ys, en bedien in 'n klein glas met 'n steel, en 'n olyf vir versiering en smaak. Vandag is die skemerkelkonthaal, of skemeronthaal, 'n ander naam vir 'n drankpartytjie waar 'n groot verskeidenheid drank en 'n groot versameling warm en koue verversings bedien word, dikwels in plaas van aandete.

SKEMERONTHALE

Voordele

* Jy kan 'n baie groter aantal mense onthaal by 'n skemerkelkonthaal as by 'n dinee.
* Dis gewoonlik minder formeel as 'n dinee en jy het minder tafels, stoele en spasie nodig.
* Dit kan redelik vinnig verby wees – 'n skemerkelkonthaal begin gewoonlik omtrent 'n uur na werk en hou ongeveer twee uur lank aan.
* Min items hoef gehuur te word aangesien borde en eetgerei nie nodig is nie.
* Dis 'n goeie manier om met baie mense te praat sonder die beperkinge van 'n dinee, en ook om brokkies nuus in 'n kort tydjie te hoor.
* Jy kan enige aantal vreemde en interessante mense bymekaarbring wat dalk moeilik sal wees om by 'n dinee te integreer.

Nadele

* Besigheidskemerkelkpartytjies kan onpersoonlik wees – hoewel dit nie so hoef te wees in die intieme atmosfeer van die huis nie.
* Skemerkelkpartytjies kan vermoeiend wees – stoele word nie voorsien nie omdat gaste meng en rondbeweeg.
* Verversings en kanapees is gewoonlik baie tydrowend om voor te berei en iemand moet hulle dophou as dit oondverwarming benodig.
* 'n Formele skemerkelkonthaal, as 'n spysenier gebruik word en daar is elegante, duur kos, kan soveel soos 'n dinee kos.

WAAROM 'N SKEMERKELKONTHAAL?

'n Skemerkelkonthaal word gewoonlik gehou met 'n spesifieke doel in gedagte: om 'n nuweling te verwelkom; 'n viering soos 'n promosie, verjaardagpartytjie of 'n huisverwarming; of om 'n geleentheid ter ere van iemand beroemd of spesiaal te hou. As die gaste kan sien die gasvrou het baie moeite gedoen om haar huis voor te berei en om heerlike kos voor te sit, lig dit dadelik die stemming van die onthaal.

ORGANISASIE VAN 'N SKEMERKELKONTHAAL

UITNODIGINGS

Uitnodigings kan ongeveer drie weke voor die tyd per kaartjie, telefoon of persoonlik gedoen word. As daar 'n eregas gaan wees, noem dit op jou uitnodiging sodat die gaste sal weet om betyds op te daag, en om ná die eregas huis toe te gaan.

Dis wys om meer mense as wat jy kan laat sit, te nooi – sodra mense begin sit, gaan die vloeibaarheid en beweeglikheid wat 'n skemerkelkonthaal kan bied, verlore. Dus, om net twaalf of dertien mense vir skemerkelkies te nooi, kan netelig wees.

Dui die tydsduur aan op jou kaartjie – 18:00 tot 20:00; of laat dit oop: vanaf 18:00, in welke geval gaste waarskynlik sal aanneem die kos sal vullend genoeg wees om aandete te vervang.

ONTVANGS VAN DIE GASTE

By formele geleenthede staan die gasheer en -vrou en die eregas (en eggenote indien van toepassing) by die ingang van die vertrek om die gaste te ontvang wat voorgestel word soos hulle verbybeweeg. Jy mag egter verkies om jou eregas aan die gaste voor te stel soos julle meng tydens die onthaal, veral aangesien ander gaste voor die eregas al sou aangekom het.

As die skemerkelkonthaal in 'n private kamer by 'n hotel of 'n klub gehou word, plaas iemand by die ingang van die gebou om te keer dat die gaste verdwaal. Een of ander vorm van registrasie by die deur sal help om telling te hou van wie al aangekom het en wie nog moet kom.

Oorsiglys 21: BEREI JOU HUIS VOOR VIR 'N SKEMERKELKONTHAAL

* Herrangskik die vertrek waarin die party gehou gaan word om genoeg ruimte te skep.
* Beplan 'n vol vertrek, eerder as 'n vertrek met min mense – 'n leefvertrek van, sê maar, 4 x 5 m sal ongeveer 30 staande gaste kan akkommodeer. As die onthaal versprei is oor meer vertrekke – sitkamer, familiekamer, eetkamer, ingangsportaal – kan jy 50 tot 60 gaste akkommodeer.
* Sien toe dat die plat oppervlakke van waardevolle meubels (waar mense leë glase mag neersit) beskerm word deur kleedjies, en sit genoeg drupmatjies uit.
* Blommerangskikkings dra baie tot die atmosfeer by, maar moet hulle nie plaas waar hulle omgestamp kan word nie.
* Maak seker daar is asbakke op alle oppervlakke.
* Kerse is altyd uitnodigend en intiem – jy kan hulle by 'n skemerkelkpartytjie gebruik soos dit donker word, maar maak terselfdertyd seker die beligting is nie te dof nie.
* Gaan die ventilasie na: as die partytjie binnenshuis is, maak vensters en deure gereeld oop sodat die rook kan uitwaai.
* By 'n klein onthaal, as jy min personeel het, plaas borde met verversings op tafels.
* Maak seker daar is genoeg kleinbordjies en servette (30 x 30 cm).

DIE KROEG

By die meeste skemerkelkonthale tuis kan die kroeg opgestel word op een of twee tafels wat teen mekaar gestoot is waarop en waarom al die nodige items geplaas kan word.

Kontak die drankwinkel lank voor die tyd om jou bestelling te plaas en aflewering te reël. As aflewering op die dag van die partytjie sal wees, vra die drankwinkel om die witwyn, rosé en die bier voor die tyd te verkoel.

DIE HUUR VAN PERSONEEL EN TOERUSTING

Dis raadsaam om 'n kroegman te kry aangesien jy beter dinge gaan hê om te doen as om drankies te skink. Dis dikwels moontlik om hulle via die drankwinkel te huur.

Bestel genoeg ysblokkies in polistireenhouers en, indien nodig, sinkbaddens met groot ysblokke. As yskasspasie nie beskikbaar is nie, sal 10 kg ys twee kaste wyn verkoel.

Huur 'n verskeidenheid glase by die drankwinkel of verhuringsmaatskappy. Die bestuurder sal jou adviseer oor die verskillende soorte en hoeveelhede. Die drankwinkelbestuurder kan jou ook advies gee oor die hoeveelhede drank wat jy sal nodig hê ten opsigte van die grootte van die onthaal.

BESTELLING VAN ALKOHOL

Spiritualieë

Hoeveel gedrink gaan word en wat die voorkeure gaan wees, sal afhang van die aantal gaste, hoe lank die partytjie gaan aanhou en dikwels van die weer.

Wyn

Kies wyne wat jy van sal hou om te bedien. Jy mag jou gaste 'n keuse tussen 'n droë en semisoet wyn, rosé of rooiwyn wil aanbied.

Laat toe vir 'n derde of halwe bottel per kop – 'n 750 ml bottel hou vyf tot ses glase. Koop twee-derdes wit- en een-derde rooiwyn as die onthaal tydens middagete is, aangesien mense in die algemeen minder rooiwyn in die middae drink, en omgekeerd as dit in die aand is. Gebruik egter jou diskresie – miskien sal die seisoen of die weer anders dikteer.

Bier

Jy mag dalk tapbier aanbied. Indien nie, laat jou gaste 'n keuse toe tussen twee handelsname. Laat toe vir twee biere per man teenwoordig.

Koeldranke en mengeldrankies

By 'n skemerkelkonthaal sal jou grootste behoefte in dié departement waarskynlik soda- of mineraalwater wees, gevolg deur tonikumwater, gemmerbier, Coca-Cola en dalk Dieet Coke. Laat daar ook druiwesap of Appletizers wees en 'n paar liter vars lemoensap of ander vrugtedranke sonder gasborrels. Lemmetjiesap, lemoen- of grenadellakwas en Angostura-bitters is bruikbare bykomstighede in die kroeg. As 'n tamatiemengeldrankie aangebied word, onthou daar moet sout, peper, Tabasco en Worcestersous wees om dit te komplementeer. Moenie die mengstokkies vergeet nie.

ORGANISEER DIE KROEG

Kry alles reeds voor die tyd reg: gooi tafeldoeke oor die tafels en hang buffetvalle vooraan om wynkratte, kratte met glase en sinkbaddens uit die oog onder die tafel te hou. Oorsiglys 22 stel ander toerusting wat die kroegman voor hom op die kroegtoonbank sal nodig hê, voor. Jy mag dit ook handig

Oorsiglys 22:
WAT OM OP DIE KROEGTOONBANK TE PLAAS
- 'n Klein skinkbordjie, vlekvrye staal of silwer, waarop die drankies geskink word.
- 'n Kroeglap (skoon en netjies) om nat bottels mee af te vee en gemorste drank mee op te vee.
- 'n Botteloopmaker en 'n kurktrekker.
- 'n Piering vir bottelproppe aangesien dit tydrowend is om bottels spiritualieë elke keer weer oop te draai vir elke drankie. Maak die mengeldrankies stewig toe anders sal die gas verlore gaan.
- 'n Sopiemaat en 'n glasnageregbakkie met water in vir uitspoel. As jou kroegmanne ervare is, kan hulle hiersonder klaarkom.
- 'n Piering met snye suurlemoen en 'n tandestokkie om dit mee op te tel.
- 'n Ysemmer en -tang.
- 'n Mengstokkie en 'n glas om dit in te hou wanneer dit nie gebruik word nie.
- Afhangende van die bekwaamheid van die kroegman en die beskikbare spasie, voeg by 'n skemerkelkiemenger en -sif; maraschino-kersies, kruisementblare, olywe en bottels Angostura-bitters, Worcestersous en Tabascosous.

vind om na Oorsiglys 20 in hoofstuk 11 te verwys.

Die kroegman agter die toonbank sal 'n skinkbord voor hom hê met die ander toerusting daarom gerangskik. As hy regshandig is, sal al die spiritualieë-, wyn- en mengeldrankbottels netjies op die regterkant van die tafel geplaas word. Die ysemmer sal ook regs staan. Onder die tafel in 'n sinkbad, ook aan die regterkant, sal die verkoelde witwyne en biere wees.

Aan die linkerkant van die tafel sal jy sy glase netjies in rye van 6-8 rangskik, bier- en spiritualieëglase naaste aan hom (want die aanvraag daarvoor sal die grootste wees), dan die wyn- en sjerrieglase. Die res van die glase kan onder die tafel in die kratte waarin dit voorsien is, gehou word.

Laastens sal hy 'n groot vullisblik of 'n vorm van 'n houer (verkieslik uitgevoer met 'n plastieksak) nodig hê waarin bottelproppe, leë bottels en wynbottelhouers gegooi kan word.

DIE KOS BY 'N SKEMERONTHAAL

Jy kan meer verbeeldingryk en avontuurlik wees met die kos van 'n skemerkelkonthaal as met 'n dinee, want die gaste sal eerder waag om happies van iets nuuts te probeer as 'n hele bord vol onbekende kos.

HOEVEELHEDE

Vir 'n twee-uurlange onthaal is 10 verskillende soorte southappies met twee van elke soort per gas, 20 southappies of verversings per gas nodig. In praktiese terme, vir 'n onthaal van sê maar 30 beteken dit daar moet 60 van elke soort verversing wees. As van die verversings baie vullend is, kan daar minder per gas wees. Jy mag dalk verkies om 'n duur kossoort soos garnaalsterte slegs een keer uit te deel, in welke geval jy moet kompenseer deur meer van die ander soorte southappies te voorsien. Al is dit irriterend om 'n yskas vol oorskietkos te hê, is dit beter om foute met vrygewigheid te maak.

PUNTE OM TE ONTHOU

Sal jy hulp hê?

Dis noodsaaklik om hulp te hê vir 'n groot onthaal. Jy sal gaste by die deur ontvang en nie tyd hê om betrokke te raak by die organisasie van die kos nie. As die geleentheid en jou begroting dit toelaat, kan jy dalk 'n spysenier inroep om die kos te voorsien en te bedien. Daar mag dalk egter 'n tyd kom waar jy nie hulp kan kry nie en jy heeltemal op jouself aangewese is. Jy moet dink hoe jy dit sal hanteer.

Wie is jou gaste?

Is dit 'n groep mans of net 'n groep vroue, of is daar 'n gelyke verdeling mans en vroue? Vroue is geneig om ligter kos te verkies, byvoorbeeld crudités (rou groente) en doopsouse, teenoor mans wat meer vullende kos verkies.

Is die geleentheid formeel of informeel?

Natuurlik, hoe meer formeel die geleentheid, hoe eleganter kan die kos aangebied word. Onthou dat as jy baie deftige opskepborde gebruik, kan redelike nederige kos baie opgegradeer word. So ook, as meer ongekunstelde borde gebruik word, kan dieselfde kos meer informeel aangebied word.

Is die kos veronderstel om ligte verversings te wees of om 'n maaltyd te vervang?

As die onthaal oor middagete plaasvind, moet die verversings redelik substansieel wees. Onthale wat omtrent 'n halfuur na werk begin en twee uur lank aanhou, is meer algemeen – maar by 'n private onthaal bly mense dikwels baie langer; beplan dus jou kos daarvolgens.

Hoeveel spasie het jy nodig?

Hoeveel mense kan jy gemaklik akkommodeer? (Verwys na Oorsiglys 21.)

As dit 'n groter onthaal is met ongeveer 60 gaste, het jy genoeg yskasspasie om al die kos te hou?

Hoeveel wil jy spandeer?

Wees versigtig hier. Elegante skemerkelkonthale kan dikwels dieselfde kos as 'n aandete – veral as jy 'n spysenier gebruik, want southappies is tydrowend en moeitevol om te maak. Verder is die bestanddele dikwels duur, byvoorbeeld kaviaar en gerookte salmblokkies, gerookte oesters, ensovoorts.

Wenke vir die voorbereiding van kos vir skemerkelkonthale

Onthou, jou gaste sal altyd 'n glas in die een hand hê en net een hand om mee te eet, alles moet dus bytgrootte happies wees asook aantreklik en smaaklik.

Wat om te kies

Pluimvee, vleis, vis, groentes, vrugte, kase, brode, pasteie, eiers, neute, ensovoorts, is geskikte bestanddele. 'n Verskeidenheid is egter belangrik: daar kan byvoorbeeld vyf warm en vyf koue soorte verversings wees, en jou seleksie kan ook soet, suur, sout en kruiegeure insluit. 'n Balans tussen verskillende voedselsoorte is net so belangrik. Moet byvoorbeeld nie die fout maak om al jou warm verversings in die vorm van pasteitjies of brood met warm kos op te maak nie. Voeg 'n verskeidenheid minikebabs of frikkadelle, worsies en mosterd, vinniggebraaide gekruide hoenderstukkies, uitgeholde jong aartappeltjies met grasuiroom, minipizzas of quiches of spek-en-pruimedanthappies.

So ook vir jou koue kosse, kies byvoorbeeld 'n bord kleurvolle crudités (groente) met doopsouse (suiwel); gerookte salm op brood (proteïen en stysel); patee (proteïen) op appelskywe (vrugte); gebraaide en afgekoelde filet (proteïen) met Hollandaisesous (vet).

Met ander woorde, as jy van alle voedselsoorte het, sal jy eindig met 'n bevredigende mengsel.

Voorbereiding

Laat genoeg tyd vir vooraf kookwerk. Baie skemerkelkkos kan 'n paar weke voor die tyd gevries word en dan warm gemaak word op die dag.

As jy pasteigeregte gaan voorsit, soos minipizzas, quiches, pasteie en tertjies, onthou dat hoe groter die hoeveelheid wat in die oond gaan om te bak, hoe langer neem dit. Om jou senuwees te spaar, bak al jou pastei-geregte vooraf – verkieslik die oggend van die onthaal – dan hoef jy hulle net weer op te warm.

Maak seker jy het genoeg bakplate sodat terwyl die een baksel warm gemaak word, die volgende baksel staan en wag op skinkborde, gereed om daarna onmiddellik in die oond te gaan.

Aanbieding

Maak seker alles lyk absoluut vars. Elke item, vanaf die klein pasteitjies, gemaak en gevries 'n maand voor die tyd, tot die jong aartappeltjies, gekook, gesny en gevul 'n uur voor die tyd, moet lyk en smaak asof hulle pas gemaak is.

Dit vereis geen truuks nie; slegs kennis van hoe om verskillende bestanddele te behandel en te berg. Elke kossoort reageer anders op berging – byvoorbeeld, wortels vir crudités kan maklik geskil, gesny en geblansjeer word 'n dag voor die tyd, maar aspersies sal verlep met dieselfde behandeling. So ook moet gerookte forel versigtig in plastiek toegedraai word, maar carpaccio (papierdun snye rou beesvleis) sal verkleur en onsmaaklik lyk as dit ook so behandel word.

Die skinkborde en borde wat jy gebruik kan die indruk van varsheid verder aanhelp. Sekere materiaal stal kos beter uit as ander: vleise lyk goed op silwer (byvoorbeeld blokkies filet), maar klein quiches lyk baie aantreklik op groot, plat mandjieskinkborde.

Dink hoe jou skinkbord sal lyk *nadat* die helfte van die kos geëet is. Doilies kan goed lyk onder droë en nie-olierige kos; hulle absorbeer egter olie en vloeistof en lyk baie vinnig onsmaaklik – gebruik hulle dus spaarsamig indien enigsins. Gekrapte of beskadigde skinkborde kan gevoer word met moerbei- of druiweblare – die groen kontrasteer baie mooi met die kleure en teksture van die verskillende kos wat op hulle uitgestal word.

Laat die hors d'oeuvre-bord nog interessanter lyk deur dit te garneer met 'n paar blomme en blare wat die kleure van die kos komplementeer. Versier byvoorbeeld 'n bord garnale met oranje (nie pienk nie) bougainvillea of 'n enkele pragtige ligte oranje zinnia. Geel blomme soos choriopsis of 'n enkele madeliefie kan 'n skinkbord met klein quiches omskep in iets baie spesiaals.

Tandestokkies

Gebruik slegs tandestokkies van natuurlike hout en slegs as dit essensieel is, veral wanneer die kos te warm of morsig is om met die vingers te eet. Snoepworsies, byvoorbeeld, is makliker om in mosterd te doop met die vingers en daar is ook nie 'n klomp onooglike gebruikte stokkies op 'n skinkbord nie. Alternatiewelik, maak aantreklike "krimpvarkies" deur tandestokkies oral in 'n halwe suuurlemoen te druk. Dit kan op die skinkborde met kos geplaas word sodat die gaste self kan besluit of hulle 'n tandestokkie wil gebruik of nie.

SKEMERONTHAALSPYSKAARTE

SKEMERKELKONTHAAL VIR 30

Warm verversings
Gebraaide repies hoenderborsies vooraf gemarineer in 'n soet-en-gekruide sous
Gebraaide chipolatas en heelgraanmosterd
Klein aartappeltjies gevul met grasuie en roomkaas
Spek om ontpitte pruimedante gedraai
Spinasie en ricotta filo-driehoekies
Miniatuur quiches of pasteie

★

Koue verversings
Eier-mayonnaisepatee op Fransebroodbasis
Gerookte salmrolletjies
Afgedopte steurgarnale aan stokkies met seekosdoopsous
Gebraaide filetblokkies met Hollandaisesous
Taramasalata op komkommer gepyp

★

Peuselhappies
Pretzels en kaasstrooitjies
Skyfies, neute, olywe en piekels
Borde met crudités met avokado-, bloukaas- of kruiedoopsous

Notas

Hol klein aartappeltjies uit met 'n spanspekballepeltjie
Die filetblokkies kan ook gebraai word en warm voorgesit word met baie gemaalde swartpeper.

Informele skemerkelkonthaal vir 20

Warm verversings
Snoepworsies met Franse mosterd
Klein frikadelletjies met brandrissietamatiesous
Snye spinasiequiche
Klein pizzas
Blini met gepypte rosette van suurroom en ontpitte swart olywe

★

Koue verversings
Hoenderslaai op komkommerbasis
Tunapatee op appelhalfmane gepyp
Gevulde eiers
Ham op Fransebroodbasis met saadmosterd gesmeer
Gerookte bief en roomkaasrolletjies

★

Peuselhappies
Skyfies en neute
Hoenderlewerpatee en beskuitjies
Snoekpatee en beskuitjies
Crudités met kruiemayonnaise en jogurtdoopsous

Verdere voorstelle vir skemerkelkversnaperings

Warm verversings
klein vol-au-vents (blaar-tertbakkies) of chou-kors gevul met:
- hoender
- vis
- vleis
- sampioene

klein blokkies gebraaide biefstuk
hoenderfrikkadelle
pruime of dadels in spek gerol
klein souttertjies
pasteie
quicheblokkies
minipizzas
chipolataworsies
Weense worsies
driehoekige filopakkies gevul met:
- hoender
- spinasie en ricotta kaas

kaasroosterbrood
blini en suurroom

Koue verversings
klein ham en pynappel sosaties
gerookte forelhappies
salamikeëls
gesnyde biltong
blokkies filet met 'n sous
gerookte bees of prosciutto (Parmaham) om stukkies vrugte gedraai
pruimedante met roomkaas gevul
gerookte salm op brood
gerookte oesters
garnale sonder doppe
blokkies kaas
stukke kreef
gevulde kreef
gevulde tamaties
gevulde eiers
'n verskeidenheid rou groentes met 'n doopsous
patee gepyp op selderystokkies of appelskywe
taramasalata op komkommer

HOOFSTUK 13

Formele Dinees

Deftige en stywe dinees is hopelik iets van die verlede. Vandag is 'n formele dinee 'n geleentheid wat elegansie en verfyndheid kombineer met vriendelikheid en warmte. Sommige kulture beskou dit as die grootste kompliment om na 'n ete by iemand se huis genooi te word – en reg ook, want geen ander sosiale geleentheid wys meer van die persoonlikheid van die gashere as hierdie een nie. 'n Aansitete moet nie gejaag wees nie, met tyd om die kos te geniet en te waardeer, om diep gesprekke te hê en idees uit te ruil, maar die heel belangrikste, om brûe te bou en vriendskappe te vestig.

MET JOU GASTE IN GEDAGTE

'n Dinee kan baie bevredigend wees vir die gashere. Dis 'n geleentheid om 'n pragtige tafel te dek en jou gaste rojaal te trakteer met die kos en wyn wat jy bedien. In die meeste gevalle sal hulle jou pogings beloon met luide waardering. Gee jouself dus vrye teuels deur disse te berei wat nie vir groot onthale geskik sal wees nie – bederf jouself en jou gaste!

Wanneer jy besluit wie om te nooi, onthou dat die belangrikste bestanddeel vir 'n suksesvolle dinee die gaste self is. Hoe kleiner die party, hoe versigtiger moet jy hulle kies. Wees realisties oor jou vaardighede: as jy voel jy sal nie 'n ete vir tien of twaalf kan hanteer nie, gee jouself eers oefening deur twee pare te nooi vir jou eerste formele dinee, en daarna die getalle suksesvol te vergroot na tien of twaalf soos jou selfvertroue toeneem.

Dit help soms om deur 'n tydskrif te blaai of om televisie te kyk voor 'n dinee om jou 'n paar idees te gee vir geselskaponderwerpe ingeval daar 'n stilte of 'n ongemaklike oomblik aanbreek aan tafel. Dis veral nuttig as jy self nie die gaste goed ken nie.

Iets wat jou dalk kan ontsenu is die gas wat met 'n pragtige ruiker opdaag. Wat doen 'n mens? Die enigste manier om geen gevoelens seer te maak nie, is om gereed te wees vir so 'n geval: hou 'n paar gevulde blompotte en skêre gereed agter die skerms. 'n Assistent moet dan slegs die omhulsel verwyder, die blomme so goed as moontlik rangskik en dit na die leefvertrek bring – waar jy dit prominent moet uitstal.

AGTERGRONDVOORBEREIDINGS

By 'n formele dinee kan jy jou mooiste opskepbakke en -borde tot hulle reg laat kom. Jou huis moet blinkskoon wees: jy bepaal die toonaard van 'n aand met die manier waarop jy jou huis, die blomme, skitterende silwer, warm, flikkerende kerse en pragtig gedekte tafel voorberei. Moenie hierdie voorbereidings afskeep nie.

Die dek van die tafel vir 'n formele dinee

Gebruik jou beste tafellinne. As jy 'n tafeldoek gebruik, maak seker dis vlekloos en goed gestryk. Dis die beste om die doek te laat "uithang" op die tafel vir 'n dag of so en dit dan weer te stryk voordat die tafel gedek word. Die doek moet eweredig oor die tafel hang met omtrent 30 cm langs die tafel af. 'n Groen viltdoek, 'n "stiltedoek", onder die tafeldoek gee 'n gevoel van luuksheid en absorbeer die klanke van kletterende messegoed.

Plekmatjies lyk treffend op 'n blinkgepoleerde of andersins mooi tafel. Laat 60 cm langs die tafel toe vir elke plek, en omtrent 25 cm tussen twee.

Plaas messegoed in die volgorde waarin dit gebruik gaan word, van buite af binne toe, en dek net die items wat nodig gaan wees; moet byvoorbeeld nie 'n bottermes dek as jy nie van plan is om brood te bedien nie. (Die afdeling oor "Silwerware" in hoofstuk 1 het 'n foto van 'n formele gedekte plek.)

By 'n formele dinee het elke plek gewoonlik 'n minimum van drie soorte glase: 'n sjerrieglas vir die sop of witwynglas by vis; rooiwynglas vir die vleisgereg; en 'n groot waterglas. Sommige van die gaste mag wil aanhou witwyn drink tydens die vleisgereg en dan moet die oortollige glase verwyder word – onthou egter, te veel onderbrekings deur kelners kan die geselskap belemmer. Plaas die glase aan die regterkant van die plek, met die glas wat eerste gebruik gaan word, aan die buitekant. Moenie pleknaamkaartjies, sout-en-peper-stelletjies (individuele stelletjies is ideaal) en asbakke vergeet nie.

ASSISTENTE

Assistente is essensieel by 'n formele dinee aangesien die gashere nie die tafel moet verlaat nadat hulle aangesit het nie. Dit sal moeilik wees om 'n formele ete vir tien of twaalf mense te hanteer sonder twee kelners wat bedien en twee personeellede in die kombuis.

Vir verskillende maniere om kos te bedien, verwys na die afdeling "Bedieningsmetodes" in hoofstuk 2. Wanneer jy besluit watter metode gepas sal wees vir die grootte en aard van die geleentheid, hou in gedagte wat die gerieflikste vir jou sal wees en terselfdertyd die atmosfeer van ontspanne genot by jou gaste sal versterk.

Jou metgesel moet duidelik weet wat die prosedure van die aand gaan wees en watter rol beide van julle gaan speel – byvoorbeeld, wie gaan toesien dat daar na die drankvereistes omgesien word?

MUSIEK

Die musiek – selfs al is dit op die agtergrond – moet versigtig gekies word met die mense wat daarna gaan luister (en hulle ouderdomsgroep) in gedagte. Maak seker dis wel agtergrondmusiek: niks is so vermoeiend soos om bo-oor musiek wat te hard is, te probeer praat nie. Dit moet nooit die geselskap oorweldig nie.

DIE SKEMERKELKUUR

Die tydperk tussen die aankoms van die gaste en die ete kan die moeilikste wees vir die gashere, veral wanneer gaste jou die onguns doen en vroeg opdaag. Mense doen dit egter wel en die enigste manier om te voorkom dat dit jou ontsenu is om aangetrek en gereed te wees 'n halfuur voor die gaste moet begin opdaag – wanneer gaste dan wel opdaag, kan jy hulle 'n drankie gee voordat jy die kerse aansteek, die oond aanskakel en die verversings uithaal.

Die skemerkelkuur is die tyd om mense aan mekaar voor te stel en algemeen te sosialiseer. As gaste mekaar nie ken nie, kan dit ongemaklik wees. Om dit te voorkom, mag jy dalk 'n spesiale drankie soos margaritas wil uitdeel – versier die skinkbord met 'n enkele madeliefie of magrietjie. 'n Glas heuningbier of Glühwein in die winter sal welkom wees. Maak dinge nog interessanter deur ongewone glase te gebruik of gebruik iets nuuts as versiering, soos 'n aarbei in 'n glas vonkelwyn.

Hou die drankies voor ete redelik kort. As die eerste gaste betyds om 20:00 opdaag, is 'n driekwartier genoeg – dit neem gemiddeld omtrent 20 minute om 'n drankie te drink. (Dit neem ook ongeveer tien minute om 'n sigaret te rook.) Dit beteken dat gaste wat later as 20:20 opdaag, slegs een drankie sal drink – wat heeltemal in orde is aangesien dit in jou belang is dat jou gaste nugter aan tafel moet gaan sit! Jy sal vind dat skemerkelkies wat langer as 'n uur duur die styl en momentum van die aand ondermyn – gaste raak rusteloos en vaak, of erger nog, luid en aggressief.

Vir verversings bied iets ligs aan – skyfies, 'n bord crudités met 'n doopsous, 'n paar kaasbeskuitjies, soutbeskuitjies, olywe, ingelegde groentes en neute. Maak seker jy bedien nie te veel nie, anders sal jou gaste nie jou ete kan waardeer nie.

BEPLAN JOU SPYSKAART

Wat jy bedien sal natuurlik grootliks afhang van jou persoonlike voorkeure en

wat in seisoen is. Om die ete 'n plesier te maak, probeer die grootste moontlike verskeidenheid te kry. Elke gang moet anders wees as die vorige een in alle opsigte.

Probeer om jou gaste te bederf deur iets te bedien wat 'n besonder goeie voorbeeld van sy soort is (byvoorbeeld vars gekookte aspersies), of een of ander luukse of ongewone kos. 'n Paar waarskuwings egter:

- Moenie jou gaste siek laat voel deur te veel ryk en vetterige kos te bedien nie.
- Moenie jou gaste honger laat omdat jou porsies te klein is nie.
- Moenie dinge oordoen deur te veel geregte en te veel oordadige disse voor te sit nie.

Wanneer jy jou spyskaart beplan, werk die meganika uit om die ete te kook. Maak seker jy het die toerusting wat nodig is om te maak wat jy beplan – byvoorbeeld, dit sal onwys wees om vis-quenelles sonder 'n voedselverwerker te maak. Maak seker jy het al die resepte getoets – as jy senuweeagtig is oor die geleentheid, sal 'n gesukkel met onbekende resepte alles net erger maak!

Jy moet ook die kostes in aanmerking neem en seker maak dat al die kos wat jy nodig het, beskikbaar is.

Uiteindelik is enige spyskaart of verversing gebaseer op dieselfde vier oorwegings:

- Waarvan sal hulle hou?
- Kan ek dit bekostig?
- Sal ek dit kan kook?
- Kan ek maklik gekoop kry wat ek nodig het?

Hoe om jou spyskaart op te bou

Begin deur die gereg te kies waarom jy die res van jou spyskaart wil bou.

Dit mag iets wees wat jy in jou kas of vrieskas het. Byvoorbeeld, jy mag dalk gerookte salm present gekry het en dit sal ideaal wees as 'n voorgereg; of wanneer jy verby die groentewinkel stap, sien jy bloubessies of aarbeie is nou in seisoen.

Jou "konstantes" is dan die vis om mee te begin en die vrugte om mee af te sluit. Nadat dit vasgestel is, vra jy jouself wat sal daarby pas as 'n hoofgereg? Gerookte salm is 'n luukse vir almal en, afhangende van hoe rojaal jy wil onthaal, kan jou hoofgereg bieffilet in filodeeg wees of, dalk minder oordadig maar net so heerlik, dungesnyde potbraaistuk. Jou hoofgereg sal in alle gevalle gewoonlik iets wees in die lyn van vleis of pluimvee, as jou voorgereg vis is, soos in hierdie geval.

Wanneer jy op die raamwerk besluit het, kan jy begin om dit in te vul. Wat wil jy saam met die gerookte salm bedien? 'n Soet dille en mosterdsous, suurlemoenskywe om te versier en snye bruinbrood en botter is altyd goed. Ten opsigte van die filet, baseer jou meegaande groentes op verskillende kleure en jy kan nie verkeerd gaan nie. Laastens, die nagereg: bloubessies. As jy die filet in filodeeg bedien, wil jy nie 'n bloubessietert maak nie, want jy sal jou meelgebaseerde bestanddele herhaal. Aangesien room nog nie gebruik is nie, kan jy 'n pavlova maak ('n ronde meringue) gevul met geklopte room waarop die effens versoete bloubessies kom.

Beplan nou die ekstras: brood, wyn, kaas en koffie. En daar is jou spyskaart!

DIE KAASBORD

Op die vraag: "Wat kom eerste, die nagereg of die kaas?" antwoord die Franse dat die kaas die nagereg moet voorafgaan as metgesel vir enige wyn by die hoofgereg wat jy nog in jou glas oorhet. Ander weer, sê kaas moet die laaste gereg wees om rustig te geniet saam met 'n gefortifiseerde wyn soos portwyn. Nog ander voel dis dieetkundig verkeerd en ongesond om kaas as 'n derde of vierde gang aan te bied, want dis te swaar en te ryk aan die einde van die aand. Hulle sê kaas moet liewers 'n ete op sy eie wees.

Wel, in Suid-Afrika volg ons normaalweg die Engelse tradisie van kaas na die nagereg. Beplan daarvoor deur seker te maak dat jy 'n aparte voorraad kleinbordjies en dessertmesse het – anders mag jy vind dat die bordjies wat vroeër vir die broodrolletjies gebruik is en die bottermesse baie vinnig gewas en gedroog moet word tydens die dessertgereg.

Hoeveel kaas om te bedien

Die keuse en hoeveelheid sal afhang van hoeveel gaste jy onthaal, maar by 'n ete vir tien sal dit gepas wees om óf een groot bord met tussen vyf en agt kase te bedien, óf twee kleiner borde met tussen drie en vyf kase, en elke stuk weeg in die omgewing van 175 gram.

Wat om te bedien

Wissel jou seleksie: 'n sagte kaas (soos Brie of 'n gepeperde Camembert); 'n semi-sagte kaas ('n skerp Jerome Esrom of 'n romerige Port Salut); en 'n goeie bloukaas. Rond die kaasbord af met 'n plaaslik verouderde Cheddar of Gruyère. 'n Paar stukke geprosesseerde kase sal ook in orde wees.

Alternatiewelik mag jy dalk net een groot kaas wil bedien, byvoorbeeld 'n groot stuk ryp Gorgonzola of 'n enkele perfekte ronde Brie.

Waarop om kaas te bedien

Tensy 'n houtbord presies binne-in pas, word dit nie aanbeveel om kaas op silwerborde te bedien nie, ongeag hoe deftig dit lyk – kaasmesse kan silwer sleg beskadig. Mooi houtkaasborde en glasborde is ideaal.

Garnering

Dit is al gesê, maar is die moeite werd om te herhaal: moenie papierdoilies gebruik nie – hulle skeur en plak vas aan die kase. Versier die kaasborde met vrugte – byvoorbeeld druiwe in klein trossies, segmente appel (wat eers in asyn gelê is), of selfs aarbeie met van hulle blare. As geen vrugte beskikbaar is nie, gee klein tamaties welkome kleur. Voeg 'n tikkie groen by deur kase op skoon moerbei- of vyeblare te pak, of deur die vrugte so te rangskik dat klein bossies blare onder uitsteek. Strooi afgedopte neute oor die vrugte en tussen die kase as 'n aantreklike afwerking.

BEDIENING VAN WYN BY 'n FORMELE DINEE

WATTER WYN BY WATTER GEREG?

Kies die wyne om by jou spyskaart te pas. As jy nie seker is wat om te kies nie, verwys na enige van die verskeie goeie wyngidse wat beskikbaar is.

TEMPERATUUR

Witwyne moet verkoel wees (ongeveer 8° C) – nie so koud dat dit die tong en palaat verdoof sodat hulle nie geproe kan word nie. Vandag is dit aanvaarbaar om die rooiwyn effens te verkoel as die heersende temperatuur oor 30° C is. Die vinnigste manier om dit te doen, is om die bottels in 'n emmer water te laat staan saam met die inhoud van omtrent vier ysbakkies. Die wyn sal in ongeveer agt minute afkoel. As die wyn vir die eerste gereg droë sjerrie is, moet dit ook verkoel word.

BEDIENINGSETIKET

Die bediening van die wyn begin onmiddellik nadat die gaste aan tafel gaan sit het, met die wyn vir die voorgereg wat deur die wynkelners geskink word. Behalwe die kelners wat kos opskep, is dit raadsaam om 'n aparte wynkelner te hê sodat die wyn gelyktydig saam met elke gereg bedien kan word. Wynkelners moet met gereelde tussenposes rondgaan om te sien of glase weer gevul moet word – dit geld vir wyn en water; maar glase moet net hervul word wanneer hulle leeg is. By 'n formele dinee word sjerrie net een keer bedien.

Wyn word van die regterkant af bedien met die regterhand om die onderste deel van die bottel – wanneer die kelner skink, is dit bedagsaam om die kant met die etiket te wys sodat die gaste kan sien wat aangebied word. As jy net een kelner vir twaalf gaste het, oorweeg dit om beide wit- en rooiwyne uit groot bottels te bedien (een-en-'n-halfliterbottels), sodat die wynkelner 'n volle rondte by die tafel kan skink sonder om 'n volgende bottel halfpad te moet gaan haal.

As die geleentheid baie formele etiket vereis, moet jy aan jou wynkelners verduidelik (en aan dié wat kos bedien) dat die ereplekke dié aan albei kante van die gashere is en hulle sit normaalweg oorkant mekaar aan elke kop van die tafel. Die dames-eregaste sit dus naaste aan die gasheer, en die mans naaste aan die gasvrou.

Die gerieflikste is om ten minste twee "bedienings" te hê: die twee begin om die senior dames gelyktydig te bedien en dan die dames langs die tafel af, die gasvrou laaste. Dieselfde prosedure word gevolg met die mans. By groot dinees is dit 'n bruikbare reël om een kelner te hê vir elke agt gaste. 'n Derde en vierde bediening begin by die volgende deel met agt mense aan tafel.

By etes van 26 of meer mense kan streng diensetiket baie stadig en omslagtig wees. In hierdie geval is dit gewoonlik geriefliker om te begin bedien by die dame aan die gasheer se regterkant, aan te gaan by die man aan haar regterkant, ensovoorts, langs die tafel af, terwyl die tweede diens gelyktydig begin by die dame aan die gasheer se linkerkant en aangaan langs die tafel af aan die linkerkant van die gasheer. (By 'n amptelike geleentheid word etiket effens aangepas: 'n staatshoof word altyd eerste bedien.)

PROE VAN DIE WYN

Die rede waarom die wyn geproe word, is om seker te maak dit is nie benadeel deur 'n gekontamineerde prop of geoksideer nie (wanneer die boeket en die smaak bederf is deur ongewone kontak met lug weens, byvoorbeeld, 'n lekkende prop). Daar is drie maniere om wyn te proe:

Voor die tyd proe

Die gasheer mag besluit om al die bottels 'n uur voor die ete oop te maak en hulle te proe om homself te verseker hulle is drinkbaar.

Proe aan tafel

Dit word nie aanbeveel by 'n formele ete nie. Die kelner kom na die gasheer net voordat daar vir die gaste geskink word om die wyn te proe. By 'n ete vir twaalf kan dit ongemaklik word omdat daar uit twee bottels gelyk geskink word en die gasheer albei sal moet proe – dit trek die aandag onnodig af.

Die wynkelner proe

As een van die kelners wyn goed ken, kan dit aan hom oorgelaat word. Dit kan egter 'n risiko wees en die verantwoordelikheid kan te groot wees.

Wie ook al die wyn skink, dit *is* baie belangrik dat die wyn voor die tyd wel geproe word. Die ongerief van om al die glase te vervang en 'n nuwe wyn te moet kies, en die gevolglike verleentheid vir die gasheer kan die vloei van die aand ernstig belemmer.

As verdere bottels wyn nodig is, kan die kelner dit self proe as jy hom voor die tyd instruksies gegee het, of hy kan 'n bietjie daarvan in 'n klein glasie na die gasheer neem om te proe. Of hy kan diskreet aan die eerste persoon vir wie hy skink vra om dit te proe.

DIE AFDEK VAN DIE TAFEL

By 'n formele dinee moet dit deur personeel gedoen word. Borde word vanaf die regterkant, twee op 'n slag, weggeneem. Hulle word nooit gestapel of leeggeskraap voor die gaste nie, hoewel hulle wel op 'n skinkbord gepak mag word en dan kombuis toe geneem word. Die tafel moet korrek afgedek word na elke gereg, veral voor dessert, met alles behalwe die tafelversierings en items wat nog gebruik moet word, verwyder. As daar nog wyn in enigiemand se glas is, moet die kelners sy of haar toestemming vra voor die glas verwyder word.

BEDIENING VAN KOFFIE EN LIKEURS

By 'n groter party van tien of twaalf is dit raadsaam om die gaste na 'n ander vertrek te verskuif, of in die somer na die veranda, vir koffie en likeur. As daardie area gebruik is vir drankies voor ete sou jy die personeel gevra het om dit skoon en netjies te maak tydens die ete. Wanneer verdaag word na die woonvertrek kry gaste kans om hulle bene te rek, en die ander omgewing is gewoonlik stimulerend.

As jy 'n elektriese koffiemasjien het, kan alles gereed wees – al wat jy moet doen is om die masjien aan te skakel en die skinkbord met koppies en pierings wat voor die tyd voorberei is, te gaan haal. Koffie kan in groot of klein koppies bedien word – watter een jy voel die gepasste sal wees. Bied 'n keuse aan tussen wit en swart koffie en maak seker jy gebruik 100 % suiwer gemaalde koffiebone. Gedekafeïeneerde koffie blyk gewild te wees na ete, jy mag dit dus liewers gebruik. Dis bedagsaam om 'n keuse tussen melk en room aan te bied, en aangesien een of twee van die gaste tee mag verkies, berei 'n skinkbord vir hulle ook voor – dit sal baie waardeer word.

Saam met koffie en likeur is 'n bakkie baie goeie sjokolade altyd welkom.

FORMELE DINEESPYSKAARTE

'N FORMELE DINEE VIR 10

Gerooktesalmsnye met soet mosterd en dillesous, gegarneer met suurlemoenskyfies
Bruinbroodvingers en botter

★

Ligte gepureede murgpampoensop

★

Individuele medaljons van filet in filokors
Hollandaisesous
Klein aartappeltjies (opsioneel)
Wortels met geroosterde sesamsade besprinkel

Brusselse spruitjies

★

Bloubessie Pavlova

★

Kaasbord en beskuitjies

★

Mocca

Notas

Moenie room of verdikkers by die sop gooi nie – dit sal die sop te ryk maak.

Braai die medaljons vinnig in botter. Laat heeltemal afkoel voor dit in die gesmeerde filodeeg toegedraai word. Bedek en hou in yskas tot hulle gaargemaak moet word. Plaas op 'n bakskinkbord en bak teen 200° C vir 20 minute of totdat die kors mooi bruin is.

ELEGANTE VEGETARIESE ETE VIR 10

Halwe pere gevul met roomkaas, grasuie en okkerneute

★

Tamatiesop
Klein broodrolletjies en botter

★

Filokorsdeegpakkies gevul met groente
Hollandaisesous
Aartappels Lyonnaise (opsioneel)
Gebotterde broccoli
Botterskorsieblokkies gebak met kaneel en heuning

★

Lemoen-syllabub met brandewynhappies

★

Koffie

Notas

Hierdie spyskaart benodig twee oonde, een vir die filokorsdeegpakkies en een vir die gebakte groente.

Maak seker jou bakplate is groot genoeg om 10 deegpakkies te hou – hulle moet in 'n enkellaag gebak word.

Om die deegpakkies te maak: Plaas die gekookte, afgekoelde groente in die middel van die gebotterde filokorsdeegvelle, lig die deeg op en draai om toe te maak. Gebruik fyngekapte, pangebraaide wortels, boontjies, kool, preie, sampioene en boontjiespruite vir die vulsel. Bind met broodkrummels en sorg dat dit nie te klam is nie, want dan sal die deeg oplos.

Verwyder die pitte uit elke peerhelfte met 'n spanspekballepeltjie. Pyp die gegeurde roomkaas en grasui-mengsel op die peerhelftes en versier met 'n okkerneuthelfte en kruisement.

Aartappels Lyonnaise is skywe aartappels met lae uie, aftreksel en botter oor en gebak tot bruin en bros bo-op.

Die botterskorsies kan in dieselfde oond as die aartappels gebak word.

Bedien die syllabub (stremmelk met wyn) in lang glase op kleinbordjies.
Versier met 'n blom op die kleinbordjie.

Elegante Suid-Afrikaanse aandete vir 10

Individuele calamarislaai
Bruinbrood en botter

★

Fluweelagtige pampoensop

★

Gebraaide wildsboud met gestoofde vrugte
Rooiwynsous
Jong aartappels met pietersielie
Rooikool
Groenbone met amandels

★

Koejawelmousse met amandelbeskuitjies

★

Koffie

Notas

Calamari kook baie vinnig: dis die beste om dit oor water te stoom vir ongeveer drie minute om te voorkom dat dit taai word.

Maak die sop sonder room of melk, versap slegs saam met baie goeie aftreksel, 'n bietjie suiker en 'n knippie kaneel.

Voordat enige wildsvleis gemarineer of gebraai word, maak seker dat al die sigbare membrane en ligamente afgesny en uitgetrek is, anders sal die marinade oneffektief wees en die vleis taai.

Sif die koejawelpulp om van enige pitte ontslae te raak. Dit sal 'n baie gladder en aangenamer mousse verseker.

Hoofstuk 14

Dinee-dans

'n Ete-en-dansparty tjie is 'n rojale formele geleentheid en kan 'n wonderlike manier van onthaal wees, mits die fasiliteite gepas en die geselskap en plek geskik is. Dis essensieel om jou gaste versigtig te kies en om seker te maak die meeste van hulle geniet dit om te dans. Selfs al wil sommige van hulle nie dans nie, om watter rede ook al, behoort hulle te probeer om hulself te geniet en hulle bydrae te maak met lewendige geselskap en sosialisering met die ander gaste. Die gasheer, terloops, moet vry wees om met sommige van die dames teenwoordig te dans wanneer die dansery begin.

Uitnodigings

'n Uitnodiging na 'n danspartytjie is altyd gedruk of handgeskrewe. Dit moet die gewone inligting oor die datum, plek en tyd bevat, en as daar 'n tema gaan wees, moet dit so sê op die uitnodiging. Jy moet ook aandui of die gaste kostuums moet aantrek.

VOORVEREISTES VIR 'N GOEIE ETE-EN-DANSPARTYTJIE

Die dansvloer en ontvangsarea

Jy mag 'n veranda of patio hê wat as 'n dansvloer gebruik kan word of, as jy 'n groot stuk plat grond het, kan jy 'n markeetent en 'n draagbare dansvloer huur. Dis goedkoper om 'n tent te huur as om 'n tentdak aan jou huis te laat vassit, aangesien die tentdak spesiaal gekonstrueer moet word om te pas.

Waarop jy ook al besluit, maak seker jou dansvloer is glad en groot genoeg vir die okkasie. Dis moontlik om dansvloere te huur in eenhede van 1 m^2 houtpanele wat op volvloermatte, 'n grasperk, of selfs oor 'n swembad geplaas kan word.

Spasie, in die algemeen, is jou belangrikste oorweging. Die ideaal is dat die eettafels, kroeg en dansvloer redelik naby mekaar is sodat groepe nie uitmekaar hoef te gaan nie, aangesien dit sal lei tot 'n verlies aan samehang. Aangrensende eet- en sitkamers en 'n groot ingangsportaal om as kroegarea te dien, sal ideaal wees.

Sitplek

Beplan jou sitplekke met groot omsigtigheid, aangesien jou gaste lank in mekaar se teenwoordigheid gaan wees. Indien moontlik, skei getroude mans en vroue; maar nie pasgetroudes en verloofde pare nie.

As jy 'n groot groep mense onthaal, beduie hulle na die tafelplan sodat hulle sal weet waar hulle sit. Pleknaamkaartjies (op albei kante geskryf) behoort by elke plek te wees.

Dekor

Die dekor bepaal die toonaard van die aand. Beplan hoe jy alles gaan rangskik en moenie die hoeveelheid tyd wat dit gaan neem om georganiseerd te raak, onderskat nie.

Jy kan jou tafels dek met passende of soortgelyke tafeldoeke, en blomme, kerse en middelstukke gebruik om eenvormigheid te bewerkstellig. Die kleure van die tafeltoebehore kan dan geëggo word in die muurversierings om die vertrek spesiaal te laat lyk (en om die gewone agtergrond te vermom, indien

nodig). As die party rondom 'n tema beplan word – soos 'n Suidsee Eiland, Allerheiligeaand, Arabiese Nagte – sal jou dekor natuurlik ontwerp word om by dié idees te pas.

MUSIEK

Reël vir die beste musiek wat jou begroting sal toelaat. 'n Lewendige orkes is baie aangenaam as jy die ruimte het om dit te akkommodeer, maar 'n diskoteekmusieksisteem is ewe goed – moet net nie toelaat dat die musikante alle betekenisvolle geselskap uitdoof nie.

VERVERSINGS EN DIENS

KOS

Die soort kos wat jy bedien en hóé jy dit bedien, sal grootliks afhang van hoeveel personeel jy het om jou te help. As opgeleide personeel beskikbaar is, kan kos by die tafels bedien word, maar 'n buffettafel mag in die algemeen makliker wees en dit het die ekstra voordeel dat dit die gaste aanmoedig om rond te beweeg.

Beplan 'n spyskaart wat nie jou stoof en fasiliteite sal ooreis nie. As eerste gereg mag jy dalk gemengde hors d'oeuvres wil bedien wat gereed op die tafel kan wees. Dit kan gevolg word deur kasserolgeregte: bief stroganoff, coq-au-vin, 'n kerrie of gebakte vis sal almal geskik wees, aangesien dit lank voor die tyd gemaak en net voor ete weer opgewarm kan word.

Hou egter in gedagte dat dit baie langer neem om groot hoeveelhede kos warm te maak.

As jy beplan om kos buitenshuis te bedien, is dit waarskynlik verkieslik om 'n koue buffetete te hê, tensy jy werklik goeie fasiliteite het om kos warm te hou, soos bains-marie, 'n trollie met warm kabinette of warmskinkborde. Kersbranders is onvoldoende vir groot hoeveelhede kos.

As jy nie groot hoeveelhede kos met die kombuisfasiliteite tot jou beskikking kan voorberei nie, kan dit geriefliker wees om 'n spysenier te kry om dit alles vir jou te doen en dus die probleem uit te skakel. Of jy kan 'n kompromis maak deur die voorgereg en die nageregte self te maak, en die grootste deel van die werk aan 'n spysenier oorlaat. Hoe ook al, maak seker die spysenier weet presies wat om te doen en vir hoeveel mense voorsien moet word. Moenie jou dienspersoneel, orkeslede en enige ander gehuurde hulp buite rekening laat nie – hulle moet ook verversings kry.

DRANKIES

Kroegmans is essensieel as 'n danspartytjie glad moet verloop, aangesien die gasheer en -vrou verplig is om te sirkuleer.

As die gaste aangesit het, word die eerste rondte wyn geskink en die bottels word dan op die tafels gelos vir die mans om hulself en die dames te bedien.

ONTVANGS VAN DIE GASTE

By aankoms word die gaste eers die kleedkamer of slaapkamer waar hulle hul baadjies kan los, gewys, en dan word hulle vergesel na die area waar gaste aan mekaar voorgestel word en drankies voor ete bedien word.

Laat 'n uur toe vir drankies voor ete. As die dans 'n tema het, kan dit 'n oorspronklike idee wees om 'n skemerkelkie te bedien wat hierdie tema voorstel, byvoorbeeld lang glase met Tequila Sunrise by 'n Mexikaanse partytjie, met strooitjies en papierversierings.

Nooi jou gaste na die tafels wanneer jy seker is almal het aangekom. Dames hou in die algemeen daarvan om eers die kleedkamer te besoek voordat hulle gaan – laat dus 'n ekstra 5-10 minute toe vanaf die oomblik dat aandete aangekondig word totdat julle begin. Dis vir jou om te besluit of julle gaan wag vir laatkommers – dis jou prerogatief om sonder hulle te begin, maar wees aanpasbaar, want dis ongemaklik vir gaste om by 'n tafel met baie leë sitplekke te gaan sit.

HOE OM 'N TEQUILA SUNRISE TE MAAK

Jy benodig:
30 ml Tequila
100 ml lemoensap
'n skootjie grenadine
ysblokkies

Skink ys, Tequila en lemoensap in 'n lang glas, en voeg dan die grenadine by. Garneer met 'n sny suurlemoen en 'n kersie.

HOOFSTUK 15

Tuin-partye

Suid-Afrika is geseënd met wonderlike weer byna dwarsdeur die jaar. In klimate soos hierdie bied tuinpartytjies opwindende moontlikhede vir onthale. Die moontlikheid van slegte weer moet natuurlik ook in ag geneem word, maar as jy voorsiening kan maak vir alternatiewe spasie binnekant, of 'n markeetent kan oprig, sal gaste verseker kan wees van 'n onvergeetlike dag. Onthale wat buite gehou word, kan formeel of informeel wees, in die dag of aand. Enige geleentheid – ontbyt, middagete, 'n huweliksonthaal, 'n braaivleis – kan om die swembad of op die veranda gehou word.

ORGANISASIE

Uitnodigings

Die soort uitnodiging hang af van die graad van formaliteit, maar moet altyd duidelik wees oor die tyd, plek en kleredrag. Dames moet onthou om lae hakke te dra sodat hulle nie in die gras sal wegsink nie. Sê ook of kinders genooi word en, as daar 'n swembad is, of gaste swemklere moet saambring.

Besluit oor die onthaalarea

Die area wat jy kies vir die onthaal moet verkieslik nie te ver van die kombuis af wees nie. 'n Groot grasperk om die swembad met baie skadugewende struike en bome sal ideaal wees as die onthaal in die dag is. Gebruik sambrele as daar nie genoeg skadu van die bome is nie.

Meubels en toerusting

Moenie vergeet om te reël vir tafels, stoele, sambrele, linne, glase, messegoed, breekware, kookwaterkanne, bains-marie en warmskinkborde nie – wat jy nodig sal hê, sal in 'n groot mate afhang van jou spyskaart.

Die voorbereiding van jou tuin

Jy sal wil hê jou tuin moet op sy beste lyk vir 'n tuinparty. As al jou blombeddings nie presies lyk soos hulle moet nie, kan jy maklik effektiewe, oombliklike kleur voorsien deur potte met blomplante daar neer te sit, of om

hulle direk in die grond te plant. Hangende plante is baie mooi onder 'n patio, 'n prieel of selfs in bome. 'n Pasgesnyde grasperk kan wondere doen vir die algemene voorkoms van 'n andersins onopwindende tuin, so ook varsgespitte grond in blombeddings met netjies geknipte rande. As jy 'n swembad het, maak seker dit is skitterskoon. Troeteldiere moet natuurlik weggesluit word tydens die partytjie.

BELIGTING

Beligting word belangrik in die aand. Beplan hoe jy ligte en lanterns om die partytjiearea en swembad effektief kan plaas. Sien toe dat die paadjies na die huis goed belig is sodat gaste nie op onbekende plekke sal struikel nie.

MUSIEK

Vir 'n stylvolle tuinpartytjie is lewendige musiek 'n bykomende aantrekkingskrag.

Wanneer die orkes opgestel is, maak seker daar is nie enige kabels of toue waaroor gaste kan val nie.

As harde musiek deur jou voorstad gaan basuin, is dit ordentlik om jou bure voor die tyd te waarsku; en maak seker om dit na 23:00 sagter te maak, anders mag julle besoek van die polisie ontvang.

PARKERING EN SEKURITEIT

As gaste op jou bure se sypaadjies en grense gaan parkeer, is dit slegs beleefd om hulle toestemming te vra. Vir 'n groot partytjie sal dit nodig wees om die verkeersdepartement in kennis te stel, veral as daar 'n moontlikheid bestaan dat enige van die motors obstruksies kan veroorsaak.

Alternatiewelik kan jy parkeringbegeleiers huur om die vloei van verkeer te reguleer.

Soms, veral snags, is dit raadsaam om sekuriteitswagte op diens te hê. Jy moet natuurlik begroot vir die huur van verkeersbeamptes, parkeringbegeleiers en sekuriteitswagte, en dikwels moet jy hulle van verversings ook voorsien.

ONTVANGS VAN JOU GASTE

Teen die tyd soos aangedui op jou uitnodiging, moet die gasheer iewers naby die ingang staan om die gaste te groet soos hulle aankom. As daar 'n eregas is, sal hy of sy later die gasheer vergesel op sy rondte van tafel na tafel.

VERVERSINGS EN DIENS

KOS

In die meeste gevalle is 'n buffetete die maklikste en kan jy besluit of jy 'n koue of warm buffetete gaan aanbied, of beide. As dit 'n informele geleentheid is, kan jy ook oorweeg om 'n braai te hou.

Afhangende van hoe formeel die geleentheid is, kan jy besluit om 'n spysenier te gebruik. Bespreek die verskillende voedselkeuses met hom of haar, maar waarop jy uiteindelik besluit hang af van jou eie fasiliteite en jou beursie.

Hoe gaste bedien word, hang weer af van die styl van die partytjie en hoeveel gaste onthaal word. Dis moontlik dat jy selfs vir 'n klein partytjie hulp sal nodig hê. Maak seker jy het genoeg hulp om kos en drankies te bedien, want slegte diens kan 'n andersins pragtig beplande dag bederf.

Bedien die kos vanaf 'n area in skadu of onder dak. Te dikwels het 'n delikate gelatine vismousse tot 'n onelegante poel gesmelt omdat dit in die son gestaan het.

DRANKIES

Die kroeg moet verkieslik so na as moontlik aan die hoofarea van aktiwiteit wees, sonder om in die pad te wees. Dit sal diens vinniger laat verloop en dit makliker vir die gaste maak om self na die kroeg toe te gaan.

Twee tafels onder 'n skaduryke boom, 'n prieel of op 'n veranda, of selfs onder 'n baie groot sambreel, sal ideaal wees.

Die opstel van die kroeg sal baie dieselfde wees as vir enige groot onthaal of buffetete. (Sien "Die Kroeg" in hoofstuk 12, en Oorsiglys 20 in hoofstuk 11.)

HOOFSTUK 16

Braaivleis

In Suid-Afrika het die braai al feitlik 'n nasionale instelling geword. Dit is eintlik 'n vorm van 'n buffetete en, soos met ander buffetetes, kan dit so informeel of elegant wees as wat jy kies.

OPSTEL VAN 'N BRAAIVLEIS

UITNODIGINGS

Wanneer mense na 'n braaivleis genooi word, is dit belangrik om baie duidelik te wees oor die drag. Dit geld veral vir uitlanders wat dalk onbekend is met dié vorm van onthaal. 'n Braai is tradisioneel informeel – sê dus aan gaste dat sportdrag geheel en al in orde sal wees.

DIE BRAAI-AREA

'n Braai word normaalweg in die opelug gehou, waar dit ontstaan het, maar sommige huise in Suid-Afrika het 'n braairooster ingebou in 'n vuurmaakplek op 'n patio. Waar jy dit ook al opstel, die braai-area moet so beskermd teen wind wees as moontlik, sodat rook nie die gaste sal pla nie. Sien toe dat daar genoeg droë hout of houtskool byderhand is en steek die vuur omtrent 'n uur voordat jy wil braai aan.

Die ideaal is dat die braaiplek, draagbare braaier of gasbraaier nie te ver van waar die gaste bymekaar sal kom, moet wees nie. Dit is sodat wie ook al die braaiwerk gaan doen (gewoonlik die gasheer), nie geïsoleer is van die res van die geselskap nie. Daar is in elk geval iets primitiefs aantreklik daaraan om om 'n vuur rond te staan en te kyk hoe vleis gebraai word, en die aanloklike geur van gebraaide vleis stimuleer die eetlus.

As die braai in die aand is, maak seker die area het genoeg lig. 'n Stormlamp of selfs 'n goeie flits sal genoeg wees as daar nie elektrisiteit is nie. Kampligte wat aan bome hang is 'n maklike manier om die tuin te verlig. Daar is nou baie soorte tuinkerse op die mark. Hulle staan in die grond op lang stele en het gewoonlik insekwerende kwaliteite. Moet hulle nie beweeg wanneer dit warm is nie, want warm was is gewoonlik gevaarlik warm. 'n Kort kers wat regop in 'n konfytbottel staan, is 'n maklike manier om lig te maak en sal nie doodgewaai word deur die wind nie. Monteer die kers met 'n stuk Prestik.

BRAAIBYBEHORE

Plaas 'n tafel of 'n teetrollie naby die vuur waar jy al die rou vleis maklik bereikbaar kan plaas. Plaas terselfdertyd 'n paar bakke met deksels daar om die kos in te hou soos dit van die vuur afkom.

Maak seker die braaier het die regte toerusting. Tange met lang handvatsels en langsteel-vleisligters is die basiese. 'n Vurk en 'n bedruipingskwas kan ook handig wees. 'n Watersproeier – die soort wat gebruik word om plante en wasgoed mee te spuit – is handig om ongewenste vlamme mee te blus.

TAFELRANGSKIKKINGS EN DIENS

Hoewel dit aanvaarbaar is om op papierborde op jou skoot te eet tydens familiesamekomste, is dit nie gewens vir die meeste onthale nie. Die borde is geneig om te buig en pap te word en aangesien die meeste mense verkies om by 'n tafel en uit behoorlike borde te eet, behoort jy te probeer om dit vir jou gaste te voorsien by 'n braaivleis ook.

Dek die tafel (of tafels) informeel met helder tafeldoeke of plekmatjies. Versier hulle met eenvoudige blomrangskikkings of 'n bak vrugte, groente of grasse. Dit is beslis een keer dat eet met die vingers toelaatbaar is, voorsien dus baie goeie kwaliteit papierservette. Jy kan later 'n skinkbord met vingerbakkies met warm water en handdoekies vir elke gas uitbring.

Jy hoef nie jou elegantste glasware en eetservies vir 'n braai gebruik nie. Dik of gekleurde glase is in orde, so ook hout- of swaar pottebakkeryborde.

Jy kan kos buffetstyl bedien en al die kos op 'n tafel of buffet plaas sodat gaste hulself kan help voordat hulle gaan sit; of familiestyl – as die tafel groot genoeg is – en die borde en bakke in die middel van die tafel plaas van waar die gaste hulself kan help.

KOS

'N VLEISBRAAI

Die voorgereg

Dis ongewoon om 'n voorgereg by 'n braai te bedien, aangesien almal gewoonlik aansit en eet sodra die vleis gereed is. Om hongerpyne te stil, kan jy egter vingerkos as voorgeregte bedien soos crudités en doopsouse, taramasalata en bros, vars brood, of patees en beskuitjies. Op 'n koue dag kan jy selfs warm sop in bekers bedien omtrent twintig of dertig minute voordat die hoofgereg gereed is.

WENKE VIR 'N VLEISBRAAI

* Die vuur moet baie warm wees (maar sonder sigbare vlamme) voordat jy begin braai. Braaityd sal wissel volgens die dikte van die vleis en hoe gaar die gaste hulle vleis verkies.
* Wanneer die vleis omgedraai word, gebruik tange eerder as om dit te steek met 'n vurk, want dit is geneig om die sap te laat ontsnap en die vleis droog en taai te laat.
* Die meeste vleis se smaak en tekstuur verbeter as dit voor die tyd 'n ruk lank gemarineer is in 'n geurige vloeistof of sous.
* As jy 'n hele filet braai, onthou om dit op vier kante te rooster om dit eweredig gaar te maak, en nie net aan twee kante nie.
* Voordat jy 'n filet of beenstuk sny, laat dit vir drie of vier minute op 'n warm bord staan.

Die hoofgereg

Die stapelvoedsel vir 'n braai is gewoonlik 'n verskeidenheid vleise. Watter vleis ook al gebruik word, dit moet sag en geurig wees. Heel filet, heel gevlekte lamsboud, snye kruisstuk, lewer en hoenderstukke kan almal gebruik word. In die verlede, toe hulle goedkoper was, was skaaptjops gebruik om die borde te domineer. Tradisionele Suid-Afrikaanse wors (boerewors), sosaties (blokkies skaap, appelkoos, spek en suurlemoenblare in 'n kerriemarinade), kebabs gemaak van wildsvleis, lam of hoender, en selfs frikkadelle (vleiskoekies) kan die verskeidenheid uitbrei. Mense eet baie meer by 'n braai as normaalweg – die reuk van die braai bring hulle terug vir nog 'n hoenderboudjie of 'n stukkie wors – wees dus gulhartig met die spyseniering.

Bygeregte by 'n vleisbraai

Stysel

Brood in alle vorms is gewild. Franse brode, rolletjies, kruie- of knoffelbrood is altyd aanvaarbaar. Potbrood, mieliebrood, stokbrood (brooddeeg om 'n stok gedraai en oor die vuur gebak), en vetkoek (diepgebraaide deegbrood, baie soos 'n sout-oliebol) is almal tradisionele braaivleiskos. 'n Gunsteling by alle ouderdomme is kaas-en-tamatietoebroodjies wat in 'n dubbelrooster oor die vuur gerooster word totdat die kaas tussen die snye begin smelt: smaaklik maar baie vullend.

Pap (van mieliemeel), stywe- of krummelpap, is vullende kos, tradisioneel bedien saam met 'n tamatie-en-uiesous.

Aartappels in die skille gebak, of in foelie en in die kole gebak, of geprik en in die oond gebak, is heerlik saam met botter- of suurroom-en-grasuiesous.

Groentes

As groentedis kan jy 'n "warm slaai" bedien – vars gekookte groente wat nog bros is, met 'n Franse slaaisous oor – of die meer konvensionele groen slaai – slaaiblare, komkommer, rou sampioene, ensovoorts. Die lys van slaaivoorstelle is eindeloos: aartappel-, wortel- en-rosyntjie-, tamatie-, beet-, drie-bone- en koolslaai, om maar 'n paar te noem. Maak net seker jou balans is reg; byvoorbeeld, moenie gebakte aartappels en aartappelslaai bedien by dieselfde ete nie, of te veel slaaie met 'n mayonnaisebasis nie.

'N VISBRAAI

As jy naby die see woon, kan dit iets wees wat jy wil probeer. Die voorbereidings en benadering is in essensie dieselfde as vir 'n vleisbraai, hoewel jy die area mag wil versier, byvoorbeeld 'n see-tema met visnette, skulpe, kurke, dryfhout, stukke koraal, ensovoorts.

'n Waarskuwing: maak voor die tyd seker by jou gaste dat hulle vis eet; sommige mense is allergies daarvoor.

By 'n regte visbraai bevat al die items op die spyskaart, behalwe die nagereg, seekos. Dit kan egter baie ryk wees, beplan dus versigtig.

WENKE VIR 'N VISBRAAI

* Gebruik 'n dubbelrooster om te voorkom dat die vis uitmekaar val wanneer jy dit omdraai.
* Braai vis stadig. Dis gereed wanneer die vleis maklik loskom wanneer dit met 'n vurk gesteek word.
* Moenie die vel verwyder wanneer die hele vis gebraai word nie. Krap die vel diagonaal op 'n paar plekke.
* Moenie dit laat uitdroog nie; bedruip gereeld.
* Moenie in die versoeking kom om 'n baie dik stuk vis op die braai te rooster nie, tensy jou braai-eenheid 'n deksel op het om die hitte vas te vang.

Die voorgereg

'n Groot verskeidenheid disse kan as 'n voorgereg bedien word, byvoorbeeld borde met oesters en ander skulpvis; gerookte salm; gemaalde, gekrummelde of gefrikasseerde perlemoen; ingelegde vis of calamari met tartaarsous; of ingelegde haring. Jy kan ook enige van die voorstelle vir voorgeregte in die vleisbraai-afdeling oorweeg.

Die hoofgereg

Garnale of oopgesnyde kreefsterte, gerooster en bedien met 'n suurlemoen-bottersous, sal werklik heerlik wees. Geelstertfilette, steenbras of koningklipvis op die kole gerooster is heerlik en so ook vars snoek, harders en leervis (elf). Bedien dit met tuisgemaakte mayonnaise en suurlemoenskywe. Viskebabs is ook 'n moontlikheid.

Bykosse vir 'n visbraai

Aartappels in hul baadjies, miskien brood en 'n vars tuinslaai, is al wat koninklike kos soos hierdie nog kan vra.

NAGEREGTE BY 'N BRAAI

'n Braai is gewoonlik 'n baie substansiële maal, daarom is net 'n ligte nagereg nodig. Vars vrugte is ideaal, vrugte-compôtes of vrugteslaai en roomys kan welkom wees. Soms kan jy dalk die nagereg heeltemal uitlos. 'n Heerlike kaaskoek of appeltert en room kan dan later saam met koffie voorgesit word.

DRANKIES

Wyn of bier word by 'n braai bedien. As vleis bedien word, sal 'n goeie rooiwyn die kos komplementeer. By 'n visbraai is droë witwyn of 'n blanc de noir geskik.

BRAAIVLEISSPYSKAARTE

VLEISBRAAI VIR 12

Taramasalata en Franse brood

★

Gemarineerde, gekruide lamtjops
Hoenderkebabs
Boerewors

★

Gebakte aartappels met suurroom en grasuisous
Wortel- en pynappelslaai
Gemengde groenslaai: blaarslaai, komkommer, radyse, bronslaai, spruitjies, avokado en 'n bietjie gekapte pietersielie
Koolslaai met rosyntjies en grondboontjies

★

Knoffel-, kruie- of mieliebrood

★

Gesnyde veselperske met gekerfde, ingelegde gemmer en roomys

★

Koffie

VISBRAAI VIR 12

Antipastobord
Gerookte biefrolle
Mortadellowors
Snye radyse
Snye salami
Ingemaakte artisjokwiggies en tamatiesnye
Hardgekookte eierkwarte
Olywe, kappertjiesaad en pietersielie vir garnering

★

Gebraaide koningklipfilette met gekruide jogurtmayonnaise
Gebakte aartappels en botter
Mengelslaai en verskillende soorte blaarslaai en kruie

★

Geskilde peerhelftes geposjeer in sjerrie met granadillasous

★

Koffie

Notas

Rangskik die antipastobestanddele in rye op 'n reghoekige bord.

Geur die koningklipfilette, borsel hulle met gesmelte botter en braai hulle in 'n geoliede dubbelrooster oor matige warm kole vir 15-20 minute.

Sny elke peerhelfte in ongeveer agt snye, maar los die stronkgedeelte heel en druk die peer in 'n waaiervorm uit met jou vingers. Skep 'n bietjie sous op elke bord en plaas elke peerwaaier bo-op die sous. Versier met 'n viooltjieblaar en -blom en bedien met room (in 'n aparte sousbeker).

HOOFSTUK 17

Pieknieks

Om 'n aangename, informele uitstappie wat 'n ete insluit, aan te bied, vereis byna militêre organisasie van die gashere. Met versigtige beplanning en voorbereiding kan 'n piekniek egter 'n werklik onvergeetlike dag vir almal betrokke wees.

Genoeg vervoer is essensieel. Reël voertuie met groot kattebakke, of beter nog, 'n sleepwaentjie, sodat al die goed gemaklik geakkommodeer kan word. Moenie die belang hiervan onderskat nie.

Aanbieding, ongeag hoe informeel die geleentheid, is steeds belangrik. Voordat julle vertrek, pluk 'n handvol blare van die suurlemoenboom of die kruietuin sodat jy die kos eenvoudig maar effektief kan garneer.

PIEKNIEKTOERUSTING

Draers en houers

★ Mandjies, leë wynkratte of groot polistireenkoelhouers is die beste om piekniektoebehore te vervoer. Mandjies en rottangskinkborde is baie bruikbaar – hulle kan maklik skoongevee word na die tyd, is lig, sterk en lyk goed saam met omtrent enige kos, byvoorbeeld brood, kaas, pasteie, soetgebak, koeke en vrugte. Selfs gesnyde vleis kan op 'n plat mandjie bedien word solank dit vooraf met blare uitgelê is en die vleis nie te souserig is nie.

★ Probeer om die kos te verpak in die houers waarin dit voorgesit gaan word: die botter, patees, slaaie, mayonnaise, ensovoorts, kan reeds in hulle bakkies of houers wees, die slaaisous in 'n mooi bottel, ensovoorts. Dit sal natuurlik nie altyd moontlik wees nie, maar wanneer jy die kos beplan, probeer visualiseer waarin jy dit sal wil bedien. Byvoorbeeld, die broodrolletjies in 'n mandjie, die brode en vleis op 'n houtbord, klein items soos gekookte eiers, frikkadelletjies of ingelegde groente in houtbakkies, ensovoorts. Moenie die kos uit plastiese bakkies en houers bedien nie – dit bederf die toonaard van die geleentheid.

Messegoed, breekgoed en glase

★ Dis baie aangenaam en elegant om te eet en drink uit behoorlike borde en glase by 'n piekniek. Maak egter seker dis goed verpak tussen vadoeke of kartonstroke. Glase kan apart verpak word in 'n geskikte doos. As julle op komberse gaan sit, voorsien 'n plat oppervlak deur 'n wye piering, kleinbordjie of stewige drupmatjie onder elke glas te sit. Dit voorkom dat glase gedurig omval.

★ As julle baie ver moet stap, of jy sien nie kans om die gewig van dit alles te dra nie, maak 'n kompromis deur mooi plastiese borde, messegoed en perspex-glase te gebruik.

★ Onthou om 'n kurktrekker saam te neem!

★ Pak 'n sout-en-peperstel en 'n pepermeul in.

★ Jy sal baie servette nodig hê, verkieslik van materiaal; andersins goeie kwaliteit papierservette. Die servette se kleur moet pas by die tafeldoek, grondseile, kussings of komberse.

★ Neem soveel opskeplepels, -vurke, slaaitange en skerp messe om brood en vleis mee te sny as wat jy nodig gaan kry. Moenie 'n goeie houtbord en 'n klein skinkbordjie waarop die bottels kan kom (wyn, blatjang, slaaisous) indien die "tafel"-oppervlak ongelyk gaan wees, vergeet nie.

Vir gemak en gerief

★ Neem kussings, dik komberse of grondseile om op te sit, tensy jy die spasie het om opvoustoele en 'n tafel te vervoer. 'n Mooi tafeldoek kan gebruik word as die "tafel" waar al die eetgoed uitgepak kan word.

★ 'n Klam lappie in 'n plastieksakkie is baie handig om enigiets wat mors mee op te vee.

★ 'n Groot plastieksak vir enige rommel moet altyd saamgeneem word.

★ Sambrele (as die spasie dit toelaat) en insekweerder kan 'n verskil maak aan die gerief van jou gaste.

Om die kinders gelukkig te hou

★ As jou kinders saamgaan en die geleentheid is nie 'n sport- of enige ander geleentheid wat afleiding of vermaak vir die kinders bied nie, kan dit handig wees om toerusting vir een of twee buitenshuise spele wat nie toesig vereis nie, saam te neem – soos rakette en 'n bal.

★ As jy die tyd en energie het, kan jy aan 'n soort skattejag of kompetisie dink wat jy vir hulle by die plek kan opstel.

KOS

Die logistieke van om kos te kies wat aantreklik en heerlik is, prakties om te pak, te bedien en te eet, is aansienlik.

Hou in gedagte dat aptyte opgeskerp word deur aktiwiteit en die buitelug. Dis feitlik onmoontlik om te veel kos te pak, want mense sal aanhoudend terugkom vir meer, waarskynlik tot laatmiddag.

'n Belangrike oorweging is draagbaarheid. Kos moenie pap druk, drup, verlep of te gou moeg word in die buitelug nie. Elimineer dus dinge soos sagte roomys of room op koeke, en kase kan loperig en olierig begin word. Kos moet ferm wees en maklik eetbaar met die vingers, veral by sportgebeure waar mense kom en gaan tussen deelname en kyk. As enige item nie gemaklik hanteer kan word nie, moet dit verkieslik gesny kan word en op toebroodjies kan kom.

Die voorgereg

Vir elegante buiteluguitstappies kan gerookte salm met bros brood nie verbeter word nie. By minder deftige geleenthede is patees, doopsouse en 'n mousse geskik, so ook 'n groot salade niçoise of 'n seekosslaai. Sop, koud of warm, kan ook bedien word. Hou dit in 'n groot tien-koppiefles en dis dit op, as dit koud is, in glasnageregbakkies, of as dit warm is, in groot bekers, met vars brood wat op pad gekoop is.

Die hoofgereg

As jy vleis wil bedien, kan jy dit die vorige dag gaarmaak, by die huis sny en koud aanbied, of jy kan dit die oggend van die piekniek gaarmaak sodat dit nog warm is teen middagetetyd. Dit kan ontbeende, gebraaide hoender met 'n kleurvolle vulsel wees; gebraaide vark of bieffilet; 'n rol gerookte hamagterkwart of 'n heel ham. Daarmee saam kan daar 'n verskeidenheid blatjang en piekels wees, en 'n mandjie vol vars geblansjeerde groentes, 'n groen slaai of 'n aartappelslaai.

Vis kan ook jou hoofmaal wees. Jy kan 'n heel, koue, geposjeerde kabeljou, geelstert of enige ander heel vis bedien, saam met 'n sous van jou keuse.

Eenvoudiger kos sal net so aanvaarbaar wees: koue soutterte, roulades, frikkadelle en hardgekookte eiers; groentes, kruiemayonnaise en 'n goeie verskeidenheid kase. Vir 'n mooi effek, lê 'n plat mandjie uit met blare en bedien 'n seleksie van gerookte ham, bees of hoender, versier met piekels en klein tamaties daarop.

NAGEREGTE BY 'N PIEKNIEK

Om nie poedingbakkies hoef te vervoer nie, bedien vingernageregte – vrugte, gedroog of vars, is altyd welkom, so ook een of twee "piekniekkoeke". Hulle val in 'n spesiale kategorie, aangesien hulle baie smaakvol moet wees sonder om enige versiering nodig te hê, dit moet ferm bly tydens vervoer en moet maklik kan sny – byvoorbeeld vrugtekoek, wortelkoek, Madeira-brood, 'n Duitse botterkoek of fudgekoekies.

As dit nie te warm is nie, kan jy 'n erdehouer met dik room saamneem om saam met meringues te bedien. Laat die gaste die room op die meringues smeer asof hulle botter op 'n beskuitjie smeer. Brandewynhappies kan ook so bedien word.

Individuele soetgebak soos vlakoeke, klein melktertjies, appeltertjies, suurlemoentertjies, chelseabrode, oliebolle en pekanneutterte sal ook maklik wees.

DRANKIES

Wat jy aanbied, hang af van hoeveel jy wil dra en wat jou gaste verkies om te drink. Hou wyn, bier en koeldranke koud in 'n koelhouer.

As dit 'n elegante geleentheid is, doen moeite om 'n paar bottels koue vonkelwyn of witwyn in 'n koelsak saam te neem. Hou dit stylvol deur langsteelglase te voorskyn te bring.

Bier is maklik om te bedien en die mans sal dit waarskynlik uit die blikkies drink. Jy mag egter 'n paar bierglase wil saamneem.

As een van jou gaste net een soort drank drink, byvoorbeeld jenewer en tonikum, kan jy jouself die gewig van 'n vol bottel spaar deur die hoeveelheid wat jy skat gedrink gaan word (ongeveer vier dubbelsopies – 200 ml) in 'n kleiner bottel oor te gooi. Tonikum kan in klein blikkies gekoop word en kan enige plek inpas, maar jy sal 'n vol ysemmertjie, 'n paar suurlemoenskywe en die regte glas moet saamneem.

Moenie die kinders vergeet nie: bereken ongeveer 'n liter vloeistof per kind, afhangende van die weer. Pak wat die maklikste vir jou is en wat die kinders verkies: gegeurde melk, vrugtesap, koeldranke en gekonsentreerde vrugtekwas is gewild. Onthou om papierkoppies te pak.

KOFFIE EN TEE

As spasie nie 'n probleem is nie, kan jy koffie en tee later in die dag aanbied. Maak die koffie tuis en gooi dit in 'n groot Thermosfles, of bedien die warm water, kitskoffie en teesakkies apart by die piekniekplek. Pak bekers en teelepels, die suiker (in 'n potjie) en poeiermelk of vars melk in.

Wees konsekwent in jou aanbieding: as alles elegant was tot nou, moet nie die aanbieding van hierdie "gang" afskeep nie – gebruik mooi bekers of koppies en pierings, en moenie die melk uit die houers waarin dit gekoop is of 'n plastiese koeldrankbottel skink nie!

PIEKNIEKSPYSKAART

ELEGANTE VELDPIEKNIEK VIR 12

Kir Royale

★

Gerookte salmmousse met melbaroosterbrood
Uiequiche in wiggies gesny

★

Koue snye geroosterde varkfilette
Koue snye kalkoen met Cumberlandsous
Koue groentevinaigrette
Franse brode en botter
'n Verskeidenheid kaas met ingelegde gemmer

★

Vars vrugte

★

Pekanneuttert met volroom
Kaaskoek
Koffie

Notas

Kir Royale is 'n glas vonkelwyn met 'n bietjie Crème de Cassis bygevoeg.

Sny die varkfilet en kalkoen by die huis.

Meng die vinaigrettesous oor die vinnig gekookte groente terwyl dit nog warm is. Laat afkoel. Kies jou groente vir hulle voorkoms, byvoorbeeld, klein florette broccoli, blomkool, snoepmielies, mangetout-ertjies, patty-pan-pampoentjies of jong murgpampoentjies, gekerfde rooi- en geelpeper, ensovoorts.

Bêre die room in die koelsak saam met die drankies.

Maak die koffie lank voor die tyd en hou in Thermosflesse.

HOOFSTUK 18

Kaas-en-Wyn-Onthale

Kaas-en-wyn-onthale was baie gewild in die 1970's toe, veral onder die jongeres, dit die plek ingeneem het van 'n skemerkelkpartytjie of 'n informele buffetete. In daardie dae was wyn en kaas baie goedkoper as nou. Maar noudat die prys van kos en ander kommoditeite, soos diens, selfs nog hoër geword het, is daar weer eens 'n beweging na hierdie soort onthale.

Die kaas-en-wyn is een van die maklikste vorms van onthaal omdat dit formeel of informeel, rojaal of so nederig soos jou begroting dikteer, kan wees. Dit kan in middagetetyd of in die laatmiddag of aand gehou word.

Een van die voordele van 'n kaas-en-wyn is dat die gaste moet sirkuleer en meng, wat dit maklik maak om nuwe gaste aan die groep voor te stel. Geselskap vlot maklik wanneer die gaste die kase en wyne voor hulle bespreek.

WATTER SOORT KAAS-EN-WYN-ONTHAAL?

Daar is twee soorte kaas-en-wyn-onthale:

Die eerste is 'n leersame, selfs akademiese proe van verskillende soorte kase en wyne waartydens waarderings van die onderskeie wyne en kase gemaak word, individueel en in verhouding tot mekaar. Hierdie soort party sal geskik wees vir 'n kleiner groep geïnteresseerde "fynproewers" en sal gepas gevolg word deur 'n non-kaas-aandete.

Die tweede soort is 'n substansiële tipe buffetete waar die kase saam met 'n verskeidenheid ander kos bedien word.

Uitnodigings

Wees spesifiek op jou uitnodiging oor watter soort kaas-en-wyn dit sal wees. Noem die datum, drag, plek en tyd van die onthaal.

OPSTELLING VAN 'N KAAS-EN-WYN-ONTHAAL

Plek

As jy 'n middageteparty beplan, sal 'n plek onder 'n druiweprieel besonder geskik wees. Enige plek in die tuin of veranda sal egter geskik wees, solank daar genoeg skaduwee is.

Saans of binnenshuis sal jy waarskynlik vind dat jou eetkamer, minus die stoele, groot genoeg is, hoewel die aantal tafels wat jy nodig gaan hê, sal afhang van die aantal gaste. Vir 'n gemiddelde kaas-en-wyn vir omtrent 20 mense sal jy ten minste een groot tafel waar die kase en ander kos geplaas kan word, nodig hê. Dit moet verkieslik in die middel van die vertrek staan sodat die gaste aanhoudend kan beweeg. As jou buffet nie groot genoeg is nie, sal jy ook 'n ekstra tafel nodig hê vir borde en messegoed.

Hoewel mense baie sal beweeg, moet jy tog sitplek voorsien. Die meeste mense hou nie daarvan om heeltyd te staan terwyl hulle eet en drink nie.

Jy kan stoele rangskik, blomme, kerse, servette, glase, messegoed en borde uitsit die dag voor die onthaal. As jy 'n middelstuk met groente of vrugte maak, doen dit die oggend van die onthaal.

As die vertrek of onthaalarea nie te warm is nie, kan jy patees (toegemaak), brood en beskuitjies 'n uur of so voor die tyd uitpak, en selfs die kase kan vir 'n uur of twee staan sonder om te bederf as jy 'n klam doek oor hulle gooi en die doek elke halfuur met koue water sproei.

Dekor

Kaas, wyn en brood is almal stapelvoedsels, en dit volg dus dat jou dekor ongekunsteld kan wees. Landelike tafeldoeke soos geruite katoen en tartan, of aardse stowwe soos goiing en kaliko, kan as basis om die kos op uit te stal, dien. Servette in soortgelyke of passende materiale kan besonder aantreklik lyk.

Voeg interessantheid by die kosuitstalling deur die middelstuk (indien gebruik) en die verskillende borde kos trapsgewys in te rig. Laat los items, soos broodrolletjies, vanaf die een hoogte na die volgende tuimel om 'n vrye

vloei van beweging voor te stel – moenie dat dit geforseerd lyk nie.

Die middelstuk

Jy kan 'n groot mandjie met blomme as fokuspunt van jou tafel gebruik. Voer die mandjie uit met 'n vrolike, gekleurde lap of 'n stuk goiing en rangskik brode daarin teen verskillende hoeke. Jy kan ook 'n groot verskeidenheid brode, verskillende soorte, vorms en groottes, om die mandjie groepeer. Moenie broodplanke en skerp broodmesse vergeet nie.

'n Groot uitstalling van groente kan ook 'n aantreklike middelstuk maak – die geheim is om hulle dekoratief en met flair te rangskik. Wanneer jy hulle uitsoek, koop net die varsste, brosste, mees perfekte groentes, en om te voorkom dat hulle verlep, bêre elke rou soort op die regte manier. Moeë koolkoppe kan weer lewe kry in 'n koue bad. Radyse en blaarslaai moet versigtig gewas en drooggemaak word en verseël word in plastieksakke in die yskas. Alle ander groentes moet *ongewas* in sakke in die yskas gebêre word. As sommige van hulle geëet gaan word – soos blomkool, aspersies, groenbone, broccoli, wortels en Brusselse spruite – is dit die beste om hulle die oggend van die onthaal te blansjeer (gooi hulle in vinnig kokende water vir 1-3 minute) en koel hulle dan vinnig af.

Allerhande soorte houers kan gebruik word om jou spesifieke seleksie groente in uit te stal. Mandjies is altyd goed vir die landelike gevoel. Sommige groentes maak self goeie houers. 'n Pampoen, byvoorbeeld, kan uitgehol word en as 'n bak vir aspersies of groenbone dien.

In die somer kan vrugte net so effektief gebruik word. Weer eens is die geheim om hulle oorvloedig te rangskik. Mense is aangetrokke tot ryp, perfekte vrugte en as jy 'n kolossale piramide gemengde vrugte in die middel van jou tafel sou rangskik, sal jy waarskynlik vind dat 'n groot klomp daarvan geëet word, veral as jy items soos druiwe in klein, hanteerbare trossies sny. Versier 'n vrugte-uitstalling met stringe blare van 'n druiweprieel of 'n ander rankplant.

Poleer die vrugte met 'n sagte lap voor dit uitgestal word. As jy nie tyd hiervoor het nie, kan jy die vrugte pas gepluk en douvars laat lyk deur dit versigtig te sprei met 'n bietjie water deur 'n fyn spuitkop (sproeibottels is gewoonlik goedkoop verkrygbaar by die meeste supermarkte en hardewarewinkels). Om die waarheid te sê, die voorkoms van die meeste kos by 'n buffetete verbeter deur 'n vinnige sproei soos hierdie net voor bediening.

KASE

Gaan maar vandag by enige supermark in en jy sal die verskeidenheid kase oorweldigend vind. Die verskeidenheid wat jy kies sal grootliks afhang van die aantal gaste wat jy wil onthaal, jou eie smaak en hoeveel jy bereid is om te spandeer. Kase val in twee hoofkategorieë:

ONFERMENTEERDE KASE — Dit is vars kase soos ricotta, room- en maaskase wat, tensy hulle gegeur is of anders voorberei is, te neutraal is om by 'n onthaal soos hierdie voor te sit.

FERMENTEERDE KASE — Die meeste kase is fermenteerde kase. Die hoofsoorte, gemaak van koeimelk, bokmelk en skaapmelk, word verder verdeel in sagte, semisagte, harde en baie harde kase.

Sagte kase — Voorbeelde van sagte kase is Bel Paese, Mozzarella, Brie, Camembert, Cambrieni, Pont Evèque en Limburger. Om te weet of 'n Brie of Camembert ryp is, moet jy dit net in die middel druk. As die kante uitbult, is dit ryp. Moenie dit bedien as die wit, fluweelagtige rand korserige, okerkleurige syferplekke gevorm het nie: die kanse is goed dat dit verby sy beste tyd is, sleg sal ruik en na ammoniak sal smaak.

Semisagte kase — Voorbeelde van semisagte kase is Fontina, Edam, Gouda (of soetmelk), Komynekaas, Port Salut, Saint Paulin en Jerome Esrom. Hierdie botterige en meestal redelik neutrale kase is baie gewild in Suid-Afrika en is ferm genoeg om maklik met 'n mes gesny te word. Blou-geaarde kase soos Roquefort, Gorgonzola en Gourmet Blue val ook in hierdie kategorie.

Die meeste geprosesseerde kase is semisag in tekstuur en digtheid. Hoewel kaaskenners hulle neuse sal optrek vir hulle, is sommige van hulle beslis baie goed. Hulle is gewild want hulle is ekonomies, gerieflik en kleurvol verpak, en hou baie goed.

Harde kase — Gruyère en Emmenthaler, maklik herkenbaar aan hulle "oë" – die gate wat

deur gasse, deur bakterieë geproduseer, gevorm word – is bekende Switserse harde kase. Die Oostenrykse Emmenthaler is die soort wat die meeste in Suid-Afrika verkrygbaar is, maar dit het nie die tipiese smaak van die Switserse soort nie.

Harde, krummelrige, cheddar-tipe kase is dalk die gewildste van alle kase. Hulle is ferm van tekstuur en het 'n heerlike skerp smaak wat skerper word as die kase ouer word. Baie van die Engelse kase, wat insluit Lancashire, Cheshire, Gloucester, Caerphilly, Derby, Leicester en Wensleydale, is almal cheddar-tipe kase. So ook, terloops, word Stilton deur baie beskou as die beste van alle bloukase. Dis interessant om te noem dat Cheddar- en Gouda-kase 95 % van Suid-Afrika se kaasverbruik uitmaak.

Baie harde kase

Dit sluit in Parmesan, Pecorino en Rigatello, wat as hulle verouderd is gewoonlik gerasper en gebruik word om mee te kook en vir garnering.

Watter kase om te kies?

Hoe groter die verskeidenheid, hoe interessanter sal jou tafel natuurlik lyk. Probeer om voorbeelde van alle soorte kase te hê. Byvoorbeeld vir sagte kase 'n Camembert, 'n Brie of 'n Limburger. Vir 'n semisagte kaas sal 'n Fontina, 'n Leydse kaas, of 'n plat stuk Jerome Esrom (nogal skerp) of Tilsiter baie aptytlik wees. As jy rojaal wil wees, kan jy skywe Gorgonzola of Roquefort byvoeg – indien nie, sal jou gaste waarskynlik gelukkig wees met sommige van die plaaslike bloukase soos Blaauwkrantz, Creamy Blue of Simonzola. Vir harde kase sal gewone Cheddar, verouderde Cheddar (met swart waskors) en 'n groot skyf Gouda die bord voltooi.

Hoeveel om toe te laat

As kaas jou hoofvoedsel gaan wees, laat 200 g kaas per persoon toe – mind as ander disse ook aangebied word. Moenie bang wees om te veel te koop nie; die meeste oorskietkaas kan gerasper word, gevries en later vir kookdoeleindes gebruik word.

Aanbieding en bediening van kaas

Haal die kase uit die yskas ongeveer 'n uur voor die ete, want die smaak is op sy beste teen kamertemperatuur.

Stal hulle uit in groot stukke van 250-450 g eerder as in kleiner porsies wat sal uitdroog. Los kleiner kase heel. Laat genoeg ruimte om elke item sodat hulle gesny kan word en maak seker daar is genoeg messe – die ideaal is een mes per kaas.

In Franse winkels word kaas aantreklik uitgestal op blokke grasmatte; net so aantreklik is kaasborde van donker of ligte hout en versier met blare, bronslaai of pietersielie, of aantreklike glasborde of marmerblokke. Dis nie nodig om al die kase op een of twee borde te sit nie – gebruik soveel as wat jy wil. 'n Groot 12 duim-Brie lyk dramaties op sy eie in 'n plat mandjie en omring deur beskuitjies of druiwe.

Al is dit al vervelig, herhaal ek my troetelirritasie: doilies onder kase plak aan hulle vas en word vinnig slordig en skeur maklik. Moet dit nie gebruik om kaas op uit te stal nie.

Dis 'n mooi afwerking om naambordjies vir elke kaas te maak. Baie skryfbehoeftewinkels verkoop tandestokkies met klein, wit vlaggies daaraan vir hierdie doel.

Wat nog?

Hoewel nie streng gesproke nodig nie, mag jy dalk 'n paar bakkies botter wat redelik sag moet wees, uitplaas.

Beskuitjies kan losweg gegroepeer word as deel van 'n broodrangskikking of in rye op plat houtborde en mandjies. Sluit 'n paar nie-souterige beskuitjies in, soos graanbeskuitjies – hulle smaak wonderlik saam met bloukase.

Baie mense geniet iets soets saam met kaas. Bakkies met vye, aarbeie of ingelegde gemmer kan dus naby die kaasbord geplaas word.

Vars vrugte kan ook voorgesit word, óf reeds gesny op borde óf heel en deel van die middelstuk. Sommige vrugte – soos vye, druiwe en appels – gaan besonder goed saam met kaas.

Handevol droëvrugte en neute kan ook oor die tafel gestrooi word. Hulle lyk dekoratief en smaak ook heerlik. As jy neute uitsit, maak seker dit is afgedop en gereed om geëet te word.

BYKOMENDE KOS

Hoewel die kos veral kaasgeoriënteerd is, is dit heeltemal aanvaarbaar om ekstras te bedien wat die kaas, brode en beskuitjies komplementeer.

Koue kos

Bakkies radyse, olywe, piekeluie en agurkies is altyd welkom, en so ook piekels soos Branston pickle, atjar en blatjang.

Borde koue vleis sal ewe goed saam met al bogenoemde gaan.

Jy kan 'n verskeidenheid doopsouse soos eiermayonnaise of avokado, en 'n paar patees (gerookte forel, hoenderlewer, tuna of taramasalata), en selfs 'n paar sterk gegeurde kaaspatees voorsit. Dit kan alles in klein bakkies opgeskep word en op borde geplaas word, omring deur beskuitjies, dun roosterbrood of snye brood. Beskuitjies is beter as gesnyde brood op die Hoëveld, aangesien die brood vinnig uitdroog.

Crudités verfris die palaat en gee die smaakknoppies 'n ruskans na al die gekonsentreerde smake van die kase. Skinkborde uitgevoer met blare met veelkleurige crudités, of plat mandjies met aartappelskyfies kan doopsouse en patees – wat jy in rou, groot, uitgeholde patty-pan-pampoentjies, botterpampoentjies of rooikoolblare voorsit – vergesel.

Warm disse

As dit koue weer is, mag jy dalk 'n warm dis in die vorm van 'n dik sop, vleisbredie of 'n ander kasserolgereg wil bedien. As jy dit wel doen, maak seker jy het genoeg messegoed en breekware – jou gaste mag die koue kos dalk as hors d'oevres sien en dan skoon eetgerei verwag vir die warm kos.

DRANKIES

'n Mens verwag om wyn by 'n kaas-en-wyn te drink – dis per slot van sake wat die uitnodiging gesê het. Daar sal egter waarskynlik mense wees wat nie wyn kan drink nie, maar wat nie die onthaal wil mis nie. Dit sal bedagsaam wees om ander drankies beskikbaar te hê vir dié paar. Soos met ander onthale, maak seker daar is 'n verskeidenheid koeldranke en sodawater ook.

WATTER WYN BY WATTER KAAS?

Daar is mense wat sê 'n ligte droë witwyn moet saam met delikaat gegeurde kase bedien word, en dat swaarder wyne kase met skerp en duidelike geure komplementeer. As dit letterlik uitgevoer sou word, sal jy heeltyd glase moet omruil om te pas by die kaas wat jy besig is om te eet. Dis regtig maar 'n kwessie van persoonlike voorkeur; bied dus 'n verskeidenheid aan vir jou gaste om van te kies.

Suid-Afrikaanse wyne word algemeen beskou as uitstekend en bied eindelose moontlike kombinasies met kase. Daar is ongeveer sewe verskillende tipes wyne, naamlik rooi en wit tafelwyne, sjerries, port en Madeira-wyn, vonkelwyne en gedistilleerde wyne; en daar is verskeie variasies van elk van dié tipes.

Die weer kan jou gaste se keuses beïnvloed. Koue weer laat hulle meer robuuste, voller rooiwyne en port kies, en in warm weer blyk dit dat witwyne verkies word.

Ten opsigte van witwyn kan jy baie droë wyn aanbied, soos 'n chardonnay, 'n minder droë wyn soos 'n colombard, en 'n semisoet wyn soos 'n Muscat d'Alexandrie. As 'n spesiale lekkerte kan jy 'n edel laatoes of selfs vonkelwyn aanbied om te sien hoe hulle saam met die verskillende kase gaan. Vir die rooiwyne, kies 'n vars, jong wyn en 'n ouer meer verouderde een. Party van jou gaste mag dalk 'n rosé of 'n blanc de noir wil hê. Hou 'n seleksie van dié wyne byderhand vir jou gaste. Sien toe dat die bottels ongekurk is – dit moedig gaste aan om te eksperimenteer en sal die aand interessanter maak. Die meeste mense is te skugter om te vra dat 'n bottel spesiaal vir hulle oopgemaak moet word.

BEDIENING VAN DIE WYNE

Verwelkom jou gaste met 'n klein glasie sjerrie of 'n lang glas sjampanje (of enige ander vonkelwyn). Voordat hulle hulself aan die kos help, kan hulle 'n glas wyn van hul keuse neem na waar hulle gaan sit. Later in die aand sal 'n bottel portwyn of muskadel die bloukaasliefhebbers baie gelukkig maak. Dis waarskynlik die beste om 'n "wynkroeg" te hê, waar gaste kan sien wat aangebied word, daarvan kan kies, en dan kan gaan proe aan die kaas. Sê aan die kroegman om nie die glase te vol te gooi nie, sodat meer as een wyn geproe kan word. (Die glas behoort in elk geval net tweederdes vol geskink te word sodat die kenners die boeket kan "ruik".) Sien toe dat daar genoeg langsteelglase is; laat twee per persoon toe, plus 'n kleiner glas vir portwyn of sjerrie. Die ideaal is dat 'n skoon glas vir elke soort wyn aangebied moet word, maar dit sal baie opwas tot gevolg hê.

As dit baie warm is, moet die rooiwyn verkieslik verkoel word. Die ideaal is om dit te bedien teen 'n temperatuur van 18-20° C. Om dit vinnig te verkoel, plaas dit vir 'n rukkie in die vrieskas (moet dit nie vergeet nie!) of laat dit vir 'n paar minute in 'n emmer water en ysblokkies staan. Maak die wyn ten minste 'n halfuur voor die tyd oop om asem te haal.

KAAS-EN-WYN-ONTHALE

Kaas-en-wyn-onthaal vir 25

Kase op houtborde
Camembert, Brie, Chèvre (bokmelk)
Babybel, Roquefort, St Paulin, Bel Paese, Emmenthaler, Gruyère, Cheddar, Caerphilly, Wensleydale, en 'n paar geprosesseerde kase

★

Beskuitjies

★

Vrugte

★

In mandjies en op borde as deel van 'n rangskikking
Gevlegte witbrode
Saadbrode
Rogborde
Franse brode
'n Verskeidenheid broodrolletjies
Botter (opsioneel)

★

In bakkies
Olywe, agurkies en uie

★

Patee
Hoenderlewer-, snoek-, tuna- of gerookte makrielpatee

★

Crudités
Wortelstokkies, geblansjeerde bone, babasuikermielies, rou sampioene, soet rooipeperstokkies, kruiedoopsous

★

Warm ghoelasj (opsioneel)
Rys

★

Suurlemoenjogurtmousse

★

Koffie

HOOFSTUK 19

Informele Aandetes

Wat is "informeel"? Vir die meeste gaste sal dit beteken ontspanne, "kom soos jy is" en "nie nodig om deftig aan te trek nie". Jy sal die geskikte vlak van informeelheid beoordeel volgens die gerief en verwagtinge van jou gaste – en natuurlik jou eie voorkeure.

'n Meer ontspanne geleentheid beteken egter nie jy kan daardie spesiale bestanddele wat 'n onthaal onvergeetlik maak, afskeep nie – informeelheid kan nooit 'n verskoning wees vir slordigheid, onbedagsaamheid en tekort aan voorbereiding deur die gashere (of die gaste) nie. Gee dus aandag aan detail en moenie dat standaarde daal nie. Dis altyd die afwerking wat die verskil maak: 'n informele ete kan so nederig wees soos geroosterde toebroodjies en 'n slaai – maar die kerse en 'n potjie blomme op die tafel sal jou gaste dadelik spesiaal laat voel.

AANVANKLIKE VOORBEREIDINGS

UITNODIGINGS Informele etes is gewoonlik in die middel van die week of Sondagaandbyeenkomste waar maklike, eenvoudige kos bedien word, dikwels sonder hors d'ouvres. Aangesien die meeste mense vroeg die volgende oggend moet opstaan, begin aandetes gewoonlik vroeër en eindig vroeër in die aand. Steeds informeel, maar op 'n effense hoër vlak, is die Vrydag- of Saterdagaandete, wat effens anders as die gewone informele ete sal wees, en verskeie vorms kan aanneem. Wanneer mense na 'n aandete genooi word, maak duidelik wat dit is – nie 'n dinee nie – en dat hulle ooreenkomstig moet aantrek.

JOU STYL Jy kan jou elkedagse eetservies in plaas van jou beste een gebruik, en jou elegantste glasware en linne kan weggepak word vir eenvoudiger glase, plekmatjies en vrolike, gekleurde tafeldoeke en servette. Jy is nie beperk tot die eetkamer of enige formele onthaalarea nie, maar is vry om 'n ewe feestelike atmosfeer in enige deel van jou huis of tuin te skep.

ASSISTENTE By 'n informele aandete tuis sal die gasvrou slegs die minimum hulp nodig hê om te help om die borde weg te neem en op te was; of sy mag dit dalk self later doen. Kelners wat opskepdiens by die tafels doen by hierdie geleenthede sal sekerlik onvanpas wees en sal waarskynlik enige atmosfeer van informaliteit vernietig!

FONDUE-PARTYTJIES

Dit word gesê dat die fondue (Frans: *fondre*, om te smelt) ontstaan het in Switserland waar die boere in die berge, vasgekeer deur sneeu en dus nie in staat om vars voorrade te kry nie, moes kos maak met wat hulle in voorraad gehad het, veral ou brood, kaas en wyn. Vandag het die fondue vele variasies: blokkies vleis, vis en groente word in 'n pan of fonduepot met warm olie, aftreksel of kaas gekook; of vir nagereg kan jy 'n sjokolade-fondue hê.

Dis 'n heerlike en intieme manier om jou gaste te pamperlang terwyl jy dit self ook geniet. Maar wees versigtig met jou keuse van gaste – nie almal hou daarvan om op kussings te sit en hul eie kos te kook nie!

WAT OM TE BEDIEN Wat jy bedien hang af van die soort fondue waarop jy besluit, maar die basiese beginsels bly dieselfde: gaste sit om 'n tafel met die fonduepot in die middel. Die vloeistof bly kokend warm in die pot wat sy eie brander het, en die eters kook hulle eie kos. Hulle gebruik langsteelvurke om die verskeidenheid blokkies kos gerangskik op hulle borde, in die vloeistof te druk. Saam met hierdie kos kan jy normaalweg 'n keuse van omtrent vyf verskillende souse, 'n slaai en bros broodrolletjies aanbied.

DIE TAFEL Dek 'n eenvoudige tafel. Jy mag dalk verkies om die hele ete in jou sitkamer te hê om die koffietafel, met almal wat op kussings om die tafel sit, of by jou eetkamertafel. Indien moontlik, dek twee of drie fonduevurke vir elke gas.

Fondues kan morsig wees, veral as olie gebruik word, gebruik dus maklik wasbare tafellinne – strooimatte en bypassende, kleurvolle servette kan ideaal wees. Kies jou glase volgens wat jou gaste sal wil drink, wyn of bier. (In Switserland drink mens tee of Kirsch by 'n fondue.) Skep 'n intieme atmosfeer met kerse wat oral in die vertrek geplaas word.

'GOURMET'-PARTYTJIES

Dis in beginsel soortgelyk aan fondues, die verskil is dat elke individu sy eie klein pannetjie het wat hulle op 'n elektriese stoofplaat of spiritusbranders in die middel van die tafel plaas. Die elektriese soort het soms 'n element onder die plaat wat die opsie ooplaat om te braai of te rooster.

'n Nadeel van dié soort ete is dat, soos die fondue, dit morsig is en dat jy redelik baie spasie nodig het om al die borde uit te sit (byvoorbeeld buffet, sytafeltjies, teetrollie – selfs vermomde strykplanke!) Maar as jou gaste nie omgee om self te kook nie, is dit 'n lekker manier van onthaal, enige tyd van die dag. Ongelukkig eet 'n mens twee keer soveel as gewoonlik, bedien dus 'n ligte nagereg, indien enigsins. Ierse koffie in plaas van nagereg kan die ete goed afsluit.

WAT OM TE BEDIEN

Om dit opwindend te maak, bied 'n verskeidenheid kos aan: kitslendeskywe, chipolataworsies, ontbeende, halwe hoenderborsies, snye spek, ham en salami; kase om te rooster of om aan te peusel terwyl die kos kook; groentes soos rou sampioene, gekookte aartappels, rissies (groen-, rooi- of geelpepers), gesnyde uie of tamaties en rou eiers in klein bakkies sodat omelette ook gemaak kan word. Dis nie soseer die hoeveelheid nie, maar die variasies wat mens kan uitdink wat saak maak. Sit die kos op borde sodat elke "kok" sy of haar eie seleksie kan maak en dit volgens eie smaak kook.

Daarmee saam kan jy olywe, ingelegde groente, agurkies, klaar souse, 'n slaai en tuisgebakte brood bedien. 'n Skinkbord met geurmiddels – cayennepeper, gemengde kruie, Tabasco en Worcestersous, heelgraanmosterd, blatjang en piekels – sal die prentjie voltooi.

KAGGELVUURETES

Soms, in die winter wanneer die wind huil en reën teen die vensters spat, wil mens nie uit die leefvertrek uit na die eetkamer toe verskuif vir 'n ete nie. Dit is die tyd om vir 'n intieme ete by kerslig voor die kaggelvuur bymekaar te kom.

OPSTELLING

Voordat jou gaste aankom, dek 'n skinkbord vir elkeen in die kombuis (of eetkamer) met 'n mooi plekmatjie, mes, vurk en lepel (afhangende natuurlik van wat bedien gaan word), 'n soutpotjie en 'n servet.

WAT OM TE BEDIEN

Die kos wat jy wil bedien, moet natuurlik maklik wees om te hanteer. As voorgereg kan jy vir elkeen 'n koppie dun sop gee sodat dit gedrink kan word, saam met 'n sny bros brood op die piering. Vir die hoofgereg kan gaste hulself help vanaf die etetrollie en hulle skinkborde by jou kry voordat hulle terugkeer na hulle sitplekke voor die vuur. Alternatiewelik, nadat die sopkoppies weggeneem is, kan jy vir elkeen 'n skinkbord gee en hulle kan vir hulself opskep vanaf die koffietafel as dit groot genoeg is.

Omdat die gaste op hulle skote gaan eet, moet jy seker maak dat alles wat jy bedien maklik is om te eet, soos kerrie, lasagne of 'n pastei. Indien moontlik, voorsien elke gas van 'n kussing om die skinkborde mee te stabiliseer.

WAT OM TE DRINK

Soek in jou kelder vir verouderde Kaapse rooiwyne en geniet die ontspanning en gemaklike geselskap om 'n gedeelde kaggelvuur.

INFORMELE AANDETESPYSKAARTE

INFORMELE AANDETE VIR 10

Broccolisop
Tuisgebakte brood en botter

★

Visfilette gekook met gesnyde tamaties, uie en room, met kaas bo-oor en gebak
Rys
Groenslaai met avokado

★

Lemoene in brandewyn met jogurt en bruinsuiker

★

Koffie

VLEISFONDUE VIR 6

Gerookte makrielpatee en beskuitjies

★

Om te braai
Blokkies beesfilet of hoender

★

Souse
Sampioensous
Romerige pepersous
Knoffelmayonnaise
Kerriemayonnaise

★

Groenslaai
Bros Franse brode en botter

★

	Vrugteslaai en roomys ★ Koffie
'N 'GOURMET'-ETE VIR 6	*Om te braai of te rooster, borde vol* Kitslendeskywe Gehalveerde hoenderborsies Chipolataworsies Snye ham Snye salami ★ Bakkies rou, gesnyde sampioene Gesnyde groenpeper Gekapte uie Gekookte aartappels in hul baadjies Heel rou eiers ★ *Bykosse* Kaasbord (vir peusel of rooster) Groenslaai Piekels (olywe en agurkies) ★ *Smaakmiddels* Worcestersous Tabascosous Blatjang Kruie Mayonnaise (verkieslik tuisgemaak) ★ Wintervrugteslaai
Notas	*Al die kos, behalwe die vrugteslaai vir nagereg, word aantreklik op en om die eetkamertafel uitgepak.*
'N KAGGELVUURETE VIR 8	Wortel-en-lemoensop ★ Macaroni-en-kaas met chipolataworsies Tamatieslaai Groenslaai Knoffelbrood ★ Gestoomde appels en vla ★ Koffie
Notas	*Bedien die sop in koppies en pierings. Versier dit met 'n teelepel jogurt en sprinkel 'n knippie kaneel of gerasperde suurlemoenskil bo-oor.* *Berei die macaroni-en-kaas op die gewone manier. Braai 16 chipolataworsies tot bruin. Sny elkeen in die helfte en pak die oppervlakte van die macaroni-en-kaas vol met die worsies. Bak teen 180° C vir een uur.*

HOOFSTUK 20

Na-teater-partytjies

Teateropvoerings begin gewoonlik tussen 20:00 en 20:15. Die meeste mense het min tyd om voor die tyd te eet, maak dit dus 'n welkome verandering om gaste te nooi om iets ná teater, konsert, opera of bal te kom eet.

ORGANISASIE

Uitnodigings

Laat jou gaste presies weet wat dit is waarna hulle genooi word. Byvoorbeeld, as 'n volle maal bedien was by 'n bal, sal hulle slegs vir drankies, koffie en ligte verversings genooi word; maar na 'n konsert of teateropvoering sal jou gaste waarskynlik 'n bietjie meer wil hê, nooi hulle dus vir 'n ligte, maar volledige ete.

Opset

Die belangrikste oorweging is dat alles gereed moet wees wanneer julle tuiskom en dit vereis beplanning.

Dek die tafel en die buffet die oggend reeds vir 'n buffetete met jou mooiste eetservies en messegoed, blomme, kerse en linne.

Pak die glase, kurktrekker, ensovoorts op 'n aparte tafel of buffet. Sit ys in 'n ysemmer en die wyn in die yskas om koud te word. As jy beplan om Ierse koffie te bedien, hou alles daarvoor ook gereed op 'n skinkbord.

Berei die skinkbord vir die koffie na ete voor. Pak die koppies, pierings, teelepels en suiker daarop. Gooi room of melk in bekertjies. Alles behalwe om die koffie te maak kan voor die tyd gedoen word.

Die vertrek moet aangenaam warm wees in die winter. As jy gelukkig is om 'n kaggel te hê, soveel beter. Indien moontlik, moet die vuur aangesteek word kort voordat julle opdaag.

Op warm somersaande kan jy jou gaste op die patio of veranda onthaal, aangenaam verlig met kerse.

Laat daar musiek wees – rock 'n roll, klassieke ghitaar of vioolkonserte, afhangende van die luim van die party – maar as julle pas van 'n opera af kom, moenie nog operamusiek opsit nie! Dis veral belangrik in die later ure om 'n vorm van musikale bystand te verleen om die geleentheid te versterk.

KOS

'n Ete na teater of opera moet stylvol wees, aangesien gaste deftig aangetrek gaan wees. Dit beteken nie dit moet formeel wees nie, maar laat die spyskaart by die geleentheid pas. Bied iets maklik hanteerbaar, maar elegant en spesiaals aan. Drie hoofpunte is belangrik:

- ⋆ Disse moet kan staan sonder om te bederf en moet vinnig verhit kan word.
- ⋆ Kos moet lig wees: die meeste mense slaap sleg as hulle ryk kos in die middel van die nag eet.
- ⋆ Kos moet so gou as moontlik bedien word: sosiale energie kan afneem soos dit later word.

Die voorgereg

Dit is nie regtig nodig om 'n voorgereg te bedien nie. Maar, om die gaste gelukkig te hou terwyl jy die afrondingswerk doen, laat hulle peusel aan patee (gerookte vis, hoenderlewer of groente) en beskuitjies, carpaccio en brood, souterige mousse, crudités, of selfs 'n heerlike sop opgedien in elegante sopkoppies met klein broodrolletjies. Die sop kan kokend warm gehou word in 'n Thermosfles terwyl julle uit is.

Die hoofgereg

'n Quiche of pastei is ideaal aangesien dit lig en maklik is en slegs herverwarm moet word. Individuele quiches, pasteie, en selfs filodeegpasteie sal dit onvergeetlik maak. Pasteie het net 'n slaai, vinnig gestoomde groentes en miskien brood daarmee saam nodig. As jy bereid is om 'n hele paar keer kombuis toe te gaan terwyl dit kook, is pasta 'n ander moontlikheid. Laat jou gaste smul aan vars gekookte fettucini met 'n romerige alfredo- (ham, room en sampioene) of tamatiesous wat vroeër die dag gemaak is. 'n Bietjie vars

NAGEREG

gemaalde Parmesan- of Rigatellokaas en 'n slaai sal die ete baie goed afrond. Vir nagereg kan jy individuele bakkies goeie kwaliteit roomys met 'n spatseltjie likeur oor en gekapte neute uitdeel. Snye gebrandewynde lemoen (met 'n lepel heuningroom bo-oor net voor opdiening), of 'n suurlemoen-jogurtmousse kan die dag voor die tyd voorberei word. As jy dit verkies, laat nagereg heeltemal uit en bedien Dom Pedros en Ierse koffie in die plek daarvan. Jy kan ook met vertroue een of twee wonderlike terte of gateaux aanbied saam met koffie.

DRANKIES

Dis heeltemal jou besluit wat jy aanbied om te drink. As dit 'n feestelike geleentheid is, sal sjampanje geskik wees. Indien nie, is dit elkeen volgens voorkeur, afhangende van wat jy beskikbaar het. Op 'n koue aand sal 'n stomende glas Glühwein waarskynlik goed afgaan om mee te begin, en op 'n bedompige somersaand kan jy 'n ligte pons bedien.

NA-TEATERETES

'N ETE NA TEATER VIR 10

Seldery-en-appelsop

★

Hoenderpastei
Broccoli, avokado en soet rooipeperslaai
Warm kruiebrood in foelie

★

Crème brûlée

★

Koffie

Notas

Maak die sop voor die tyd en hou dit in twee Thermosflesse warm terwyl julle weg is.

Bak die hoenderpastei klaar gedurende die dag. Verhit weer saam met die kruiebrood terwyl die gaste hulle sop eet.

Blansjeer broccolistokkies, sny rooipeper in skywe en meng met jou geliefkoosde vinaigretteslaaisous. Skil en sny avokado, gooi suurlemoensap oor en bêre in die yskas tot julle tuis kom. Net voor bediening, voeg by die broccoli en rooipeper en meng liggies.

Maak die vlabasis vir die crème brûlée die dag voor die tyd. Maak die harde kors die volgende oggend en hou in die yskas tot die aand.

Bruikbare Bronne

Cordially Yours
Delores Allem, Ester Geldenhuys, Martie Geldenhuys and Sybil Allem
(Hugh Keartland Publishers (Pty) Ltd, Johannesburg, 1973)

Best of Cooking in South Africa
Lynn Bedford Hall
(Struik, Cape Town, 1988)

Commonsense Catering
Prue Browne
(Collins, Angus and Robertson, Australia, 1991)

The South African Culinary Tradition
Renata Coetzee
(Struik, Cape Town, 1977)

The Colour Library Book of Vegetarian Cooking
(Colour Library Books Ltd, Surrey, England. 1988)

The Best of Salads and Buffet Cookery
(Hamlyn, Twickenham, 1982)

Glorious Food
Christopher Idone
(Stewart Tabori and Chang Inc, New York, 1982)

Fair Lady's Special Occasions
Annette Kesler
(Southern Book Publishers (Pty) Ltd, Johannesburg, 1988)

Best of South African Microwave Cooking
Marty Klinzman and Shirley Guy
(Struik, Cape Town, 1990)

Entertaining with Style
Prue Leith and Polly Tyrer
(MacDonald, London)

Cooking
Maud Murdoch
(Burke Books, London, 1969)

The Hostess Book of Entertaining
Marguerite Patten
(David and Charles, Newton Abbot 1980)

South African Countrywide Cooking
Sue Ross
(David Philip, Cape Town, 1981)

The Complete Book of South African Cheeses
Leslie Richfield
(Struik Timmins, Cape Town, 1991)

The Cookery Year
(Reader's Digest, London, 1978)

The New Myrna Rosen Cookbook
Myrna Rosen
(Don Nelson, Cape Town, 1986)

Entertaining
Martha Stewart
(Sidgwick and Jackson, London, 1984)

Entertaining with Tovey
John Tovey
(MacDonald General Books, London, 1981)

Cooking the South African Way
Magdaleen van Wyk
(Struik, Cape Town, 1986)

Indeks